La Vie du Bouddha

André-Ferdinand Herold

© 2024, André-Ferdinand Herold (domaine public)
Édition : BoD - Books on Demand, 31 avenue Saint-Rémy, 57600 Forbach, bod@bod.fr
Impression : Libri Plureos GmbH, Friedensallee 273, 22763 Hamburg (Allemagne)
ISBN : 978-2-3225-5610-6
Dépôt légal : Mars 2025

La Vie du Bouddha qu'on va lire n'est pas une œuvre de fantaisie, et je crois bon d'indiquer les principaux parmi les livres, anciens ou modernes, que j'ai consultés.

J'ai, le plus souvent, suivi le Lalita-Vistara. *Il y a du fatras dans ce livre où se mêlent aux récits légendaires les dissertations scolastiques. Là pourtant nous ont été gardées de précieuses traditions sur les origines du héros, sur son enfance, sur sa jeunesse ; on nous apprend comment il fut élevé, on nous raconte quelles furent ses premières actions.*

J'ai fait grand usage aussi d'un poème excellent, le Bouddhacarita *d'Açvaghosha. Dans quelques chapitres j'en ai reproduit les termes presque littéralement. Le texte du* Bouddhacarita *a été édité par E.-B. Cowell.*

J'ai introduit dans le livre plusieurs jâtakas. *Ce sont des contes où le Bouddha rappelle ses vies antérieures. On en trouvera un certain nombre dans un vaste recueil, l'Avadânaçataka.*

Deux ouvrages modernes : Le Bouddha, *de M. H. Oldenberg, traduit par M. A. Foucher, et l'*Histoire du Bouddhisme dans l'Inde, *de M. H. Kern, traduite par M. Gédéon Huet, m'ont aussi beaucoup servi ; de même différents travaux, imprimés dans des revues scientifiques. Ainsi, pour l'émouvante histoire de Viçvantara, j'ai mis à profit une version sogdienne, publiée dans le* Journal asiatique, *par R. Gauthiot.*

Enfin, je ferais preuve de la pire ingratitude si je ne remerciais publiquement mon vieil ami Sylvain Lévi des affectueux conseils qu'il m'a sans cesse prodigués.

Et puisse le lecteur prendre intérêt à la merveilleuse aventure du prince Siddhârtha qui sut, par la méditation, découvrir la suprême sagesse.

A. F. Herold

LA VIE DU BOUDDHA

PREMIÈRE PARTIE

I

La ville où jadis avait vécu le grand ascète Kapila était d'une sereine magnificence. Ses murailles semblaient des nuages de lumière, et, de ses maisons comme de ses jardins, émanait une splendeur divine : on l'eût dite bâtie sur un morceau du ciel. Partout des pierreries y brillaient. Aussi n'y connaissait-on point l'obscurité, non plus que la pauvreté. La nuit, les rayons de la lune tombaient sur les demeures d'argent, et la ville était un étang de lys ; le jour, les rayons du soleil tombaient sur les terrasses d'or, et la ville était une rivière de lotus.

Le roi Çouddhodana régnait sur Kapilavastou, et il en était la plus noble parure. Il était bienveillant et libéral ; il ignorait l'orgueil et il pratiquait la justice. Il courait aux ennemis les plus braves, qui tombaient dans les batailles comme des éléphants frappés par Indra. À l'éclat de sa gloire disparaissaient les méchants, comme les grandes ténèbres aux rayons aigus du soleil. Il éclairait le monde, et à ses familiers il montrait les voies qu'il fallait suivre. Son illustre sagesse lui avait gagné d'innombrables amis, des amis pleins de vaillance et de raison ; et, comme la lueur des étoiles fait valoir la lumière de la lune, leur clarté rehaussait sa splendeur.

Çouddhodana, roi issu de la race des Çâkyas, avait épousé plusieurs reines. De ces reines, la première était Mâyâ.

Elle était très belle. À la voir, on eût cru que Lakshmî même s'était isolée de la troupe divine. Elle avait la voix des oiseaux printaniers, et elle ne disait que des paroles agréables et douces. Ses cheveux avaient la couleur de l'abeille noire ; ses yeux étaient aussi frais que la feuille nouvelle du lotus bleu, et ses sourcils bien arqués n'étaient jamais froncés. Son front était pur comme le diamant.

Elle était très vertueuse. Elle voulait le bonheur de ses sujets, et elle était docile aux pieux enseignements des maîtres. Sa conduite n'était point ténébreuse ; elle ne savait pas mentir.

Le roi Çouddhodana et la reine Mâyâ vivaient heureux et calmes dans Kapilavastou.

Un jour, la reine, après s'être baignée, se parfuma le corps, puis se vêtit des tissus les plus fins et les plus brillants et se couvrit les bras de bijoux précieux. Des anneaux d'or sonnaient à ses chevilles. La joie au visage, elle alla trouver le roi.

Il était assis dans une grande salle, où des musiciens charmaient d'aimables chansons sa rêverie tranquille. Mâyâ s'assit à la droite de Çouddhodana, et elle lui parla :

« Seigneur, daigne m'écouter, ô protecteur de la terre. Daigne m'accorder la grâce que je vais te demander.

— Parle, reine, répondit Çouddhodana. Que veux-tu de moi ?

— Seigneur, il est autour de nous des êtres qui souffrent. J'ai pitié des souffrances du monde. Je ne veux pas nuire à ceux-là qui vivent ; je veux défendre ma pensée de toute impureté ; et puisque j'évite ce qui pour moi est un mal, puisque je suis bonne envers moi-même, je veux prendre soin des autres, je veux être bonne envers les autres. Je renoncerai à tout orgueil, ô roi, et je n'obéirai pas aux mauvais désirs. Je ne dirai jamais de parole vaine, ni de parole sans honneur. Désormais, seigneur, ma vie sera austère ; je jeûnerai, et je n'aurai malveillance ni méchanceté, inquiétude ni haine, fureur ni convoitise ; je serai heureuse de ma fortune, je ne mentirai pas, j'ignorerai l'envie ; je serai pure ; j'irai dans le droit chemin, et j'aimerai les œuvres vertueuses. Voilà pourquoi j'ai les yeux souriants, voilà pourquoi j'ai les lèvres joyeuses. »

Elle se tut un instant. Le roi la regardait avec une tendre admiration. Elle reprit :

« Seigneur, respecte l'austérité de ma vie, n'entre pas dans la forêt confuse du désir ; permets-moi d'observer longtemps la pieuse loi du jeûne. J'irai dans les salles qui sont au plus haut du palais, là où perchent les cygnes ; qu'on m'y prépare un lit semé de fleurs, un lit doux, un lit parfumé. Mes amies seront autour de moi, mais qu'on éloigne les eunuques, les gardes et les servantes grossières. Je ne veux voir figure laide, ni entendre chanson vulgaire, ni sentir odeur méprisable. »

Elle ne parlait plus. Le roi lui répondit :

« Que cela soit ! La grâce que tu demandes, je te l'accorde. »

Et il ordonna :

« Qu'au plus haut du palais, là où chante la voix des cygnes, on dresse pour la reine un lit de fleurs précieuses, et qu'au son des cordes sonores elle s'y étende, parée d'or et de pierres rares. Et ses femmes, autour d'elle, croiront voir une fille des Dieux dans les jardins du ciel ! »

La reine se leva.

« C'est bien, seigneur, dit-elle. Écoute-moi encore. Délivre les prisonniers. Fais aux pauvres de larges aumônes. Que les hommes, les femmes et les enfants soient heureux ! N'inflige aucun châtiment, et, pour la joie du monde, ô roi, regarde en père toutes les créatures ! »

Puis elle sortit de la salle, et monta vers le sommet de la royale demeure.

On était aux approches du printemps. Les oiseaux volaient autour des terrasses ; ils chantaient dans les arbres. Les jardins étaient fleuris, et, aux étangs, s'épanouissaient largement les lotus. Et, tandis que montait la reine vers son heureuse retraite, des cordes harmonieuses et des flûtes résonnèrent d'elles-mêmes, et, sur le palais, une grande lumière brilla, une lumière parfaite, qui rendait sombre la clarté du soleil.

II

À l'heure même où naissait le printemps, Mâyâ endormie eut un songe.

Elle vit un jeune éléphant qui descendait du ciel. Il était blanc comme la neige des montagnes, et il avait six fortes défenses. Mâyâ vit qu'il entrait dans son sein, et les Dieux, par milliers, lui apparurent ; ils chantaient pour elle des louanges impérissables, et Mâyâ sentit qu'il n'y avait plus en elle inquiétude, haine ni colère.

Elle s'éveilla. Elle était joyeuse, d'une joie que jamais encore elle n'avait connue. Elle se leva ; elle mit ses plus claires parures, et, avec les plus belles de ses suivantes, elle sortit du palais ; elle traversa les jardins, et elle alla s'asseoir à l'ombre d'un petit bois. Et elle dépêcha au roi Çouddhodana deux de ses femmes, qui devaient dire : « Que le roi vienne au bois ; la reine Mâyâ veut le voir et l'attend ! »

Le roi, en hâte, obéit au message. Il quitta la salle où, parmi ses conseillers, il rendait la justice aux habitants de la ville. Il marcha vers le bois, mais, comme il allait y entrer, il éprouva une émotion étrange ; ses jambes se dérobaient, ses mains tremblaient, ses yeux étaient prêts à pleurer. Et il pensait :

« Jamais, même au moment d'affronter, dans la bataille, les ennemis les plus braves, jamais je ne me suis senti troublé comme maintenant. Je ne puis entrer dans le bois où m'attend la reine. Qu'ai-je donc ? Qui me dira la raison de mon trouble ? »

Alors une grande voix retentit dans le ciel :

« Sois heureux, roi Çouddhodana, le meilleur des Çâkyas ! Celui qui cherche la science suprême doit naître parmi les hommes ; c'est ta famille qu'il a choisie pour la sienne, comme la plus illustre de toutes, la plus heureuse et la plus pure, et, pour mère, il a élu la plus noble des femmes, ton épouse, la reine Mâyâ. Sois heureux, roi Çouddhodana ! Celui qui cherche la science suprême a voulu être ton fils ! »

Le roi comprit que les Dieux lui parlaient. Il se réjouit. Ses pas redevinrent fermes, et il entra dans le bois où l'attendait Mâyâ.

Il la vit, et sans orgueil, très doucement, lui dit :

« Pourquoi m'as-tu mandé ? que désires-tu de moi ? »

La reine raconta au roi le songe qu'elle avait eu. Elle ajouta :

« Seigneur, fais venir ici des brahmanes habiles à expliquer les songes. Ils sauront si le bien est entré dans le palais ou le mal, si nous devons nous réjouir ou nous lamenter. »

Le roi approuva la reine, et des brahmanes qui connaissaient le mystère des songes furent appelés au palais. Quand ils eurent entendu le récit de Mâyâ, ils parlèrent ainsi :

« Tous deux, ô roi, ô reine, vous aurez une grande joie. Un fils vous naîtra, marqué des signes du pouvoir magnanime. Si, un jour, il renonce à la royauté, s'il abandonne le palais, s'il rejette l'amour, si, pris de pitié pour les mondes, il mène la vie errante des religieux, il méritera des offrandes triomphales, il méritera des louanges merveilleuses. Il sera adoré par les mondes, car il les rassasiera. Ô maître, ô maîtresse, votre fils sera un Bouddha. »

Les brahmanes se retirèrent. Le roi et la reine se regardaient et leurs visages étaient beaux de bonheur et de paix. Çouddhodana fit distribuer de grandes aumônes dans

Kapilavastou ; ceux qui avaient faim eurent à manger, ceux qui avaient soif eurent à boire ; les femmes reçurent des fleurs et des parfums. On aimait à contempler Mâyâ ; les malades se pressaient sur sa route, car, dès qu'elle étendait vers eux la main droite, ils étaient guéris ; des aveugles virent, des sourds entendirent, des muets parlèrent. Si les moribonds touchaient les brins d'herbe qu'elle avait cueillis, ils recouvraient aussitôt la force et la santé. Sans cesse, des brises mélodieuses passaient sur la ville. Du ciel pleuvaient des fleurs divines ; et des chants de reconnaissance montaient vers la maison royale.

III

Des mois passèrent. Et, un jour, la reine vit que le temps était venu où son fils allait naître. Elle trouva le roi Çouddhodana, et elle lui dit :

« Seigneur, je veux aller par les jardins heureux. Des oiseaux chantent dans les arbres, et l'air est brillant de la poussière des fleurs. Je veux aller par les jardins.

— Mais, ô reine, répondit Çouddhodana, ne crains-tu pas les fatigues de la promenade ?

— L'être pur que je porte en moi doit naître parmi la pureté des fleurs nouvelles. J'irai, ô maître, j'irai dans les jardins fleuris. »

Le roi ne résista pas au désir de Mâyâ, et il dit à ses serviteurs :

« Courez dans les jardins, et parez-les d'argent et d'or. Attachez aux arbres des voiles précieux. Que tout soit en fête pour le passage de la reine. »

Puis il se retourna vers Mâyâ :

« Pare-toi aujourd'hui de tes plus riches parures, ô Maya. Monte dans une litière éclatante, que porteront les plus belles de tes femmes. Que tes servantes vêtent des robes parfumées ; qu'elles aient des colliers de perles et des bracelets de pierreries, qu'elles prennent des luths, des tambours et des flûtes, et que leurs chansons volent si douces que les Dieux mêmes en soient charmés. »

Çouddhodana fut obéi, et, quand la reine arriva au seuil du palais, les gardes l'accueillirent de cris joyeux. Des cloches résonnaient gaîment ; les paons ouvraient la splendeur de leur queue ; les cygnes chantaient.

Mâyâ fit arrêter sa litière dans un bois d'arbres fleuris. Elle en descendit, et elle allait tout heureuse. Et voici qu'elle remarqua un arbre précieux, dont les branches pliaient sous le poids des fleurs. Elle s'en approcha ; de sa main gracieuse elle attira une branche. Tout à coup, elle resta immobile. Et les femmes qui étaient près d'elle reçurent dans leurs bras un bel enfant. La mère souriait.

En ce moment même, tous les vivants frémirent de joie. La terre trembla. Dans le ciel, on entendit des chants et des danses. Les arbres de toutes les saisons se couvrirent de fleurs épanouies et de fruits mûrs. Des rayons d'une pureté sereine illuminèrent le ciel. Les malades n'éprouvèrent plus de souffrances. Les affamés se sentirent rassasiés. Ceux qu'avaient égarés les liqueurs virent tomber leur ivresse. Les fous recouvrèrent la raison. Les infirmes furent sains de corps. Les pauvres trouvèrent de l'or. Les portes des prisons s'ouvrirent. Les méchants ne connurent plus le mal.

Une des femmes de Mâyâ courut vers le roi Çouddhodana et lui cria joyeusement :

« Seigneur, seigneur, un fils vient de te naître, un fils qui apportera une grande gloire dans ta maison ! »

Il ne put rien répondre. Il eut le visage éclairé de joie, et il comprit le bonheur.

Bientôt, pourtant, il fit appeler auprès de lui tous les Çakyas, et il leur ordonna de l'accompagner vers le jardin où venait de naître l'enfant. Les Çâkyas obéirent, et ils faisaient au roi un cortège magnanime. Des brahmanes, en troupe innombrable, les suivaient.

Quand on fut arrivé près de l'enfant, le roi s'inclina, et il dit :

« Inclinez-vous comme je m'incline devant le prince à qui je donne le nom de Siddhârtha. »

Tous s'inclinèrent, et les brahmanes, qu'inspiraient les Dieux, chantèrent :

« Puisque les routes où vont les hommes ne sont plus rudes, puisque les créatures sont heureuses, il est né, celui qui apporte le bonheur : il donnera le bonheur au monde. Puisque, dans les ténèbres, a lui une grande lumière, puisque la lune et le soleil semblent éteints, il est né, celui qui apporte la lumière : il donnera la lumière au monde. Puisque les aveugles voient, puisque les sourds entendent, puisque les insensés recouvrent la raison, il est né, celui qui ouvre les yeux, qui ouvre les oreilles, qui ouvre la raison : il donnera les yeux, il donnera les oreilles, il donnera la raison au monde. Puisque des brises embaumées calment les souffrances des êtres, il est né, celui qui guérit : il donnera la santé au monde. Les flammes ne sont plus cruelles, les rivières émues ont arrêté leur cours, la terre a tremblé doucement : il sera celui qui contemple la vérité. »

IV

Or, par la vertu de son austérité, Asita, le grand ascète, connut la naissance de celui qui plus tard sauverait les créatures de la douleur de renaître. Et, comme il avait soif de la bonne loi, il arriva dans la demeure du roi Çouddhodana. Il alla, d'un pas ferme, tout près de l'appartement des femmes. Il avait l'autorité grave de la science et celle de la vieillesse.

Le roi l'honora selon les règles, et il lui parla comme il convenait :

« Heureux que je suis ! Vraiment, cet enfant, ma race, jouira de grandes faveurs, puisque le vénérable Asita est venu ici, dans le désir de me voir. Ordonne. Que dois-je faire ? Je suis ton disciple et ton serviteur. »

Et l'ascète, les yeux pleins de joyeuse lumière, parla d'une voix profonde :

« Cela est arrivé chez toi, roi magnanime, roi libéral, roi hospitalier, parce que tu aimes le devoir et que ta pensée est affectueuse pour ceux qui sont sages et qui sont vieux. Cela est arrivé chez toi parce que, plus qu'en terre, plus qu'en or, tes ancêtres ont été riches en vertu. Que ma venue te réjouisse, ô roi, et saches-en la raison. Dans l'air, j'ai entendu une voix divine qui disait : « Un fils est né au roi des Çâkyas, un fils qui aura la vraie science. » J'ai entendu la parole, et je suis venu, et je verrai maintenant la lumière des Çâkyas. »

Le roi, chancelant de joie, alla chercher l'enfant. Il le prit au sein de la nourrice, et il le fit voir au vieillard Asita.

L'ascète s'aperçu que le fils du roi avait les marques de la toute-puissance. Il le considéra longuement, et il eut des larmes dans les cils. Il soupir, et il leva les yeux vers le ciel.

Le roi vit qu'Asita pleurait, et il se mit à trembler pour son fils ; Il interrogea le vieillard.

« Tu dis, ô vieillard, que, par le corps de mon fils diffère à peine d'un Dieu. Tu dis que sa naissance est merveilleuse, tu proclames qu'il aura, dans l'avenir, une gloire suprême : et pourtant tu le regardes avec des yeux pleins de larmes. Sa vie serait-elle fragile ? Serait-il né pour mon chagrin ? Ce rameau de ma race doit-il se dessécher avant que les fleurs s'y soient épanouis ? Parle, ô saint vieillard, parle vite : tu sais quelle affection les pères ont pour leurs fils.

— Ne t'afflige pas, ô roi, répondit le vieillard. Ce que j'ai dit n'est point douteux : cet enfant aura la vraie gloire. Si je pleure, c'est sur moi. Voici venir pour moi le temps de m'en aller, et celui-ci est né, qui saura détruire le mal de renaître. Il abandonnera la puissance royale, il vaincra les sens, il comprendra le vrai, et, soleil de science, il brillera dans le monde et anéantira les ténèbres de l'égarement. De la mer du mal, de l'écume des maladies, de la houle de la vieillesse, des flots farouches de la mort, il sauvera le monde qui souffre, et il l'emportera dans la grande barque de la science. Le fleuve rapide, admirable, bienfaisant, le fleuve du devoir, il en connaîtra la source, il en dévoilera le cours, et les vivants, que torture la soif, en viendront boire les eaux. À ceux que la douleur tourmente, à ceux que les sens ont domptés, à ceux qui errent dans la forêt des existences, comme à des voyageurs qui ont perdu la route, il enseignera le chemin du salut. Pour ceux que brûle le feu des passions il sera le nuage qui donne la pluie fraîche ; il marchera vers la prison des désirs, où gémissent les créatures, et il en brisera la porte ténébreuse avec le bélier de la bonne loi. Lui, qui aura toute l'intelligence, saura délivrer le monde. Donc, n'aie aucun chagrin, ô roi. Celui-là seul est à plaindre qui n'entendra pas la voix de ton fils ; et voilà pourquoi je pleure, moi qui, malgré mes austérités, malgré mes méditations, ne connaîtrai pas sa parole et sa loi. Ah, qu'il est misérable, celui-là même qui s'en va dans les plus hauts jardins du ciel ! »

V

Les paroles d'Asita avaient d'abord réjoui Çouddhodana ; il pensait : « Mon fils vivra donc, et il vivra dans une gloire extrême. » Puis, il avait réfléchi, et il était devenu soucieux : le prince, disait-on, abandonnerait la royauté, il mènerait la vie des ascètes ; il faudrait donc qu'avec lui disparût la race de Çouddhodana ?

L'ennui du roi ne dura guère, car, depuis la naissance de Siddhartha, il ne pouvait rien entreprendre qui ne lui réussit. Comme un fleuve dont les rivières accroissent les eaux, son trésor recevait tous les jours des richesses nouvelles ; ses écuries étaient trop petites pour les chevaux et les éléphants qu'on y amenait, et des amis sincères lui faisaient un cortège innombrable. Les terres du royaume étaient fertiles, et, dans les prairies, paissaient des vaches grasses et fécondes. Les femmes enfantaient heureusement ; les hommes ne se cherchaient point de vaines querelles, et tous, dans le pays de Kapilavastou, avaient aux lèvres la paix et l'allégresse.

Or, la reine Mâyâ ne put supporter longtemps la joie que lui donnait son fils : il avait sept jours seulement qu'elle mourut pour la terre, et qu'elle monta au ciel, parmi les Dieux.

Mâyâ avait une sœur, Mahâprajâpatî, presque aussi belle et presque aussi sage qu'elle-même. On chargea Mahâprajâpatî d'élever le prince, et elle lui donna les soins les plus pieux, comme elle eût fait à son propre enfant. Et, pareil au feu qui s'agite sous le vent favorable, pareil à la lune, reine des étoiles dans la quinzaine lumineuse, pareil au jeune soleil qui se lève sur les montagnes, à l'Orient, Siddhârtha grandissait.

On se plaisait à lui faire des dons précieux. Il reçut les jouets dont on s'amuse au premier âge : de petits animaux, gazelles ou éléphants, chevaux ou vaches, oiseaux ou poissons, de petits chariots aussi ; mais les jouets n'étaient point de bois ni d'argile, ils étaient d'or et de diamant. On lui donnait aussi des étoffes très riches et des bijoux, colliers de perles et bracelets de pierreries.

Un jour qu'il jouait dans un jardin, près de la ville, Mahâprajâpatî pensa : « Il est temps de lui apprendre à porter des bracelets et des colliers. » Et les servantes furent chercher les parures qu'on lui avait offertes. Mahâprajâpatî les lui mit au bras et au cou, mais il ne semblait pas qu'il en eût aucune ; l'or ni les pierres ne brillaient, tant éclatait la lumière qui émanait de l'enfant royal. Et la Déesse qui habitait parmi les fleurs du jardin vint à Mahprajâpatî, et lui parla : « Si toute la terre était d'or, il suffirait, pour ternir sa splendeur, d'un seul rayon lancé du corps de cet enfant, guide futur du monde. La lumière des étoiles et celle de la lune, la lumière même du soleil ne sont point éclatantes dès que l'enfant se pare de sa lumière. Qu'a-t-il besoin de bijoux, œuvres vulgaires des joailliers et des orfèvres ? Femmes, ôtez-lui ces colliers, ôtez-lui ces bracelets. Ils sont bons pour orner des esclaves ; donnez-les à des esclaves. Celui-ci aura des pierreries d'une pureté vraie : ses pensées. »

Mahprajâpatî écouta les paroles de la Déesse ; elle ôta au prince les bracelets et les colliers, et elle ne se lassait pas de l'admirer.

Le temps vint de conduire au temple des Dieux le prince Siddhârtha. Le roi ordonna que les rues et les places de la ville fussent décorées superbement, et qu'on fit résonner partout des tambours et des cloches joyeuses. Tandis que Mahprajâpatî l'habillait de ses plus beaux vêtements, l'enfant demanda :

« Mère, où vas-tu me conduire ?

— Au temple des Dieux, mon fils, » répondit-elle.

Alors, l'enfant eut un sourire, et il se laissa mener auprès de son père.

Le cortège était magnifique. On y voyait les des marchands ; des gardes nombreux les suivaient, et les Çâkyas entouraient le char où étaient montés le prince et le roi. Dans les rues, on brûlait des parfums, on semait des fleurs, et l'on agitait des banderoles et des drapeaux.

Le roi arriva au temple. Il prit Siddhârtha par la main et il le guida vers la salle où étaient les statues des Dieux. Et, dès que l'enfant eut posé le pied sur le seuil, les statues s'animèrent, et tous les dieux, Çiva, Skanda, Vishnou, Kouvéra, Indra, Brahmâ, se levèrent et vinrent tomber à ses genoux. Et ils chantaient :

« Le Mérou, roi des monts, ne s'incline pas devant le grain de blé ; l'Océan ne s'incline pas devant la flaque de pluie ; le Soleil ne s'incline pas devant le ver luisant ; celui qui aura la science ne s'incline pas devant les Dieux. Pareil au grain de blé, pareil à la flaque de pluie, pareil au ver luisant est l'homme, est le Dieu qui persiste dans l'orgueil ; pareil au mont Mérou, pareil à l'Océan, pareil au Soleil est celui qui aura la science suprême. Que le monde lui rende hommage, et le monde sera délivré ! »

VI

Le prince grandit encore, et l'on jugea venu pour lui le temps de prendre les leçons du maître qui enseignait l'écriture aux fils des Çâkyas. Ce maître s'appelait Viçvâmitra.

Siddhartha fut donc confié au maître Viçvâmitra. On lui donna, pour écrire, une tablette de santal doré, encadrée de pierres précieuses. Mais, dès qu'il l'eut entre les mains, il demanda :

« Quelle écriture, maître, vas-tu m'apprendre ? » Et il énuméra le nom de soixante-quatre écritures diverses. Puis il interrogea de nouveau le maître :

« Eh bien, maître, de ces soixante-quatre écritures, laquelle vas-tu m'apprendre ? »

Mais Viçvâmitra restait muet, frappé d'étonnement. Enfin, pourtant, il dit quelques paroles :

« Je vois, seigneur, que je n'ai rien à t'apprendre. Tu m'as nommé des écritures dont je ne connais que le nom, tu m'as nommé des écritures dont je ne connaissais même pas le nom. C'est de toi que je pourrais prendre des leçons. Non, seigneur, non, je n'ai rien à t'apprendre. »

Il souriait, et le prince n'avait pour lui que des regards favorables.

En quittant Viçvâmitra, le prince s'en alla dans la campagne, vers un village où habitaient des laboureurs. Il s'arrêta d'abord à observer le travail des paysans, puis il entra dans un pré, où étaient plantés quelques arbres. Un d'eux lui parut de bel aspect. Il était midi, il faisait chaud ;

le prince alla s'asseoir à l'ombre de l'arbre. Et là, il se mit à réfléchir, et, bientôt, il fut tout entier à ses méditations.

En ce moment même, cinq ascètes, qui voyageaient, passèrent devant le pré, et ils aperçurent le prince qui méditait. Ils se demandèrent :

« Serait-ce un Dieu qui s'est arrêté là ? Serait-ce le Dieu des richesses, ou le Dieu de l'amour ? Serait-ce Indra qui porte la foudre, ou encore le berger Krishna ? »

Mais ils entendirent une voix qui leur disait :

« Quelle que soit la splendeur des Dieux, elle pâlit auprès de la splendeur du Çakya qui, au pied de l'arbre, contemple des vérités majestueuses ! »

Et ils s'écrièrent alors :

« Oui, celui qui médite au pied de l'arbre est marqué des signes de la toute-puissance, et, deviendra, sans doute, le Bouddha ! »

Puis ils le louèrent, et le premier dit : « Dans le monde, que brûle un feu corrupteur, il a paru comme un lac. Sa loi rafraîchira le monde. »

Le second dit : « Dans le monde qu'obscurcit l'ignorance, il a paru comme un flambeau. Sa loi éclairera le monde. »

Le troisième dit : « Sur la mer rude à traverser, sur la mer de la douleur, il a paru comme un navire. Sa loi fera faire la traversée au monde. »

Le quatrième dit : « Devant ceux qu'enchaîne la corruption, il a paru comme un libérateur. Sa loi délivrera le monde. »

Le cinquième dit : « Devant ceux que tourmentent la vieillesse et la maladie, il a paru comme un sauveur. Sa loi délivrera de la naissance et de la mort. »

Ils le saluèrent trois fois, et ils poursuivirent leur route.

Cependant, le roi Çouddhodana ne savait pas ce qu'était devenu le prince, et il envoya de nombreux serviteurs à sa recherche. Un d'eux l'aperçut : il était absorbé dans la plus grave méditation. Le serviteur s'approcha de lui, mais tout à coup il s'arrêta d'admiration : l'ombre de tous les arbres avait tourné, sauf celle de l'arbre qui abritait le prince ; cette ombre là ne bougeait pas ; elle ne s'écartait pas de celui qui méditait.

Le serviteur courut au palais du roi :

« Seigneur, cria-t-il, j'ai vu ton fils : il médite, assis sous un arbre dont l'ombre ne tourne point, alors que tournent les ombres de tous les autres arbres ! »

Çouddhodana sortit ; il se fit conduire près de son fils ; il pleura :

« Il est beau comme le feu sur la crête des montagnes. Il m'éblouit. Il sera la lampe du monde, et je tremble de tous mes membres, quand je le vois dans la méditation. »

Le roi, non plus que le serviteur, n'osait bouger ni parler. Mais des enfants passèrent, qui traînaient un petit chariot, et ils firent quelque bruit. Le serviteur leur dit, à demi-voix :

« Il ne faut pas faire de bruit.

— Pourquoi ? demandèrent les enfants.

— Voyez celui qui médite, au pied de cet arbre. C'est le prince Siddhârtha : l'ombre de l'arbre ne l'a point abandonné. Ne le troublez pas, enfants : ne voyez-vous pas qu'il a l'éclat du soleil ? »

Le prince pourtant s'éveilla de sa méditation. Il se leva, il marcha vers son père, il lui parla :

« Il faut cesser de labourer, mon père, il faut chercher les grandes vérités. »

Et il rentra dans Kapilavastou.

VII

Çouddhodana songeait sans cesse aux paroles d'Asita ; il ne voulait pas que s'éteignit sa race, et il se dit :

« Je ferai naître en mon fils le goût des plaisirs ; et peut-être aurai-je des petits-enfants nombreux, et qui seront prospères. »

Il fit donc venir le prince, et il lui parla ainsi :

« Tu as atteint, mon cher enfant, l'âge où il convient que tu te maries. Dis-moi donc si tu connais une jeune fille qui te plaise. »

Siddhârtha répondit :

« Laisse-moi sept jours pour réfléchir, mon père. Dans sept jours, tu auras ma réponse. »

Et il se mit à penser :

« Des désirs, je le sais, résultent des maux sans fin ; les arbres qui poussent dans la forêt des désirs ont pour racines les douleurs et les luttes cruelles, et leurs feuilles sont vénéneuses ; les désirs vous brûlent comme le feu, vous blessent comme l'épée. Je ne suis point de ceux qui aiment à vivre parmi un troupeau de femmes, et mon sort est d'habiter dans le silence des bois ; là, par la méditation, s'apaiseront mes pensées, et je connaîtrai le bonheur. Mais, parmi les fleurs confuses des marais, les lotus ne grandissent-ils pas ? Des sages se sont illustrés autrefois qui avaient eu des femmes et des fils. Ceux qui, avant moi, cherchèrent la science suprême ont passé des années dans la compagnie des femmes. Ils n'en eurent que plus de joie à s'en aller vers les délices de la méditation. Je les imiterai. »

Il réfléchit aux qualités qu'il priserait chez une femme. Puis, le septième jour étant arrivé, il retourna auprès de son père.

« Père, dit-il, je ne veux pas d'une femme vulgaire. Celle qui aura les qualités que je vais t'énumérer, tu pourras me la donner pour épouse. »

Et il parla :

« Celle que j'épouserai sera dans le printemps de la jeunesse ; celle que j'épouserai aura la fleur de la beauté ; sa jeunesse pourtant ne la rendra pas vaine, sa beauté ne la rendra point orgueilleuse. Celle que j'épouserai aura pour les créatures l'amitié d'une sœur, la tendresse d'une mère. Elle ne connaîtra ni l'aigreur ni la ruse, elle ne sera point envieuse. Jamais, même en songe, elle ne pensera à un autre homme qu'à son mari. Elle ne dira pas de paroles hautaines ; elle sera modeste, elle aura la retenue d'une esclave. Elle ne convoitera pas le bien d'autrui, elle évitera les demandes indiscrètes, elle sera contente de sa fortune. Elle n'aura point de goût pour les liqueurs, elle ne recherchera pas les mets délicats ; elle sera indifférente à la musique et aux parfums. Elle n'aimera ni les spectacles ni les fêtes. Elle sera bonne aux serviteurs et aux servantes. Elle s'éveillera la première et s'endormira la dernière. Celle que j'épouserai sera pure de corps, de parole et de pensée. »

Il ajouta :

« Si tu connais, mon père, une jeune fille qui ait toutes ces qualités, tu peux me la donner pour femme. »

Le roi fit appeler son prêtre domestique. Il lui énuméra toutes les qualités que le prince voulait trouver en une femme, pour l'épouser. Puis :

« Va, dit-il, va, brahmane. Entre dans toutes les maisons de Kapilavastou ; regarde les jeunes filles et les interroge. Et celle en qui tu reconnaîtras les qualités voulues, tu l'amèneras au prince, fut-elle de la dernière caste. Mon fils ne cherche pas le rang ni la richesse, il ne cherche que la vertu. »

Le prêtre s'en alla par la ville de Kapilavastou. Il entrait dans les maisons, il voyait les jeunes filles, il leur posait des questions habiles ; et il n'en trouvait pas une qui fut digne du prince Siddhartha. Enfin, il arriva chez Dandapâni, qui était de la famille des Çakyas. Dandâpani avait une fille nommée Gopâ. Le prêtre, à la voir seulement, fut charmé, tant elle était belle et gracieuse ; il causa quelque peu avec elle, et il ne put douter de ses vertus.

Le prêtre revint près du roi Çouddhodana.

« Seigneur, s'écria-t-il, j'ai vu une jeune fille qui pourra devenir la femme de ton fils.

— Chez qui l'as-tu vue ? demanda le roi.

— Elle est la fille du Çakya Dandapâni, » répondit le brahmane.

Mais, quelque confiance qu'il eut en son prêtre domestique, Çouddhodana hésitait encore à mander Gopâ et Dandapâni. « L'homme le plus sage peut se tromper, pensait-il. Le brahmane a peut-être trouvé à la fille de Dandapâni un mérite qu'elle n'a pas. Je veux la soumettre à une épreuve nouvelle, et c'est mon fils lui-même qui la jugera. »

Il fit faire de nombreux bijoux d'or et d'argent, et il envoya un héraut crier dans Kapilavastou :

« Dans sept jours, le fils du roi Çouddhodana, le prince Siddhârtha, distribuera des parures aux jeunes filles de la ville. Donc que, dans sept jours, toutes les jeunes filles se réunissent au palais ! »

Au jour dit, le prince s'assit sur un trône dans la grande salle du palais. Toutes les jeunes filles de la ville étaient là, et elles défilèrent devant lui. À chacune, il donnait un bijou ; mais, quand elles approchaient du trône, elles détournaient la tête ou, du moins, baissaient les yeux, tant les intimidait son éclatante beauté ; elles prenaient à peine le temps de recevoir les parures ; quelques-unes même eurent si grande hâte de partir, qu'elles ne touchèrent le cadeau que du bout des doigts, et le laissèrent tomber sur le sol.

Gopâ venait la dernière. Elle s'avança sans crainte ; elle ne cligna même pas les yeux. Mais le prince n'avait plus un seul bijou à donner. Gopâ lui dit en souriant :

« Prince, en quoi t'ai-je offensé ?

— Tu ne m'as nullement offensé, répondit Siddhârtha.

— Pourquoi, alors, me dédaignes-tu ?

— Je ne te dédaigne pas, reprit-il, mais tu arrives la dernière, et je n'ai plus un bijou à donner. »

Mais, en cet instant, il se rappela qu'il avait au doigt un anneau de grand prix. Il l'ôta, et le tendit à la jeune fille.

Elle ne prit pas l'anneau.

« Prince, dit-elle, dois-je accepter de toi cet anneau ?

— Il était à moi, dit le prince, et tu dois l'accepter.

— Non, reprit-elle ; je ne te priverai pas de tes parures ; c'est à moi de te parer. »

Et elle se retira.

Quand le roi apprit l'aventure, il se réjouit fort.

« Seule, Gopâ a pu regarder mon fils en face, pensa-t-il, seule elle est digne de lui. Gopâ qui n'a pas pris l'anneau que tu avais ôté de ton doigt, Gopâ, ô mon fils, sera ta plus belle parure. »

Et il fit mander au palais le père de Gopâ.

« Ami, lui dit-il, le temps est venu de marier mon fils Siddhârtha. Or, je crois bien que ta fille Gopâ plaît à mon fils. Veux-tu la lui donner pour femme ? »

Dandapâni ne répondit pas tout de suite à Çouddhodana. Il hésitait à parler, et, de nouveau, le roi lui demanda :

« Veux-tu donner ta fille à mon fils ? »

Dandapâni dit alors :

« Seigneur, ton fils a grandi dans la mollesse ; il n'a guère quitté le palais ; il n'a jamais prouvé qu'il connaît les arts de l'esprit ni ceux du corps. Or, tu sais que les Çakyas ne donnent leurs filles qu'à des hommes adroits et forts, braves et savants. Comment donnerais-je ma fille à ton fils, qui jusqu'ici n'a témoigné de goût que pour l'indolence ? »

Ces paroles rendirent soucieux le roi Çouddhodana. Il voulut voir le prince. Siddhârtha accourut auprès de son père.

« Père, dit-il, tu me sembles tout triste. Qu'as-tu ? »

Mais le roi ne savait comment rapporter au prince les dures paroles de Dandapâni. Il se taisait. Le prince répéta :

« Père, tu me sembles tout triste. Qu'as-tu ?

— Ne m'interroge pas, répondit cette fois Çouddhodana.

— Père, tu es triste. Qu'as-tu ?

— Je ne veux plus qu'on me parle d'un pénible sujet.

— Explique-toi, père. Il est toujours utile de s'expliquer. »

Le roi se décida enfin à raconter l'entrevue qu'il avait eue avec Dandapâni. À la fin du récit, le prince se mit à rire.

« Seigneur, dit-il, que tes soucis s'apaisent. Crois-tu qu'il y ait, dans Kapilavastou, un seul homme qui puisse me vaincre, par la force ou par le savoir ? Réunis tous ceux qui sont illustres dans un art, quel qu'il soit ; ordonne-leur de se mesurer avec moi ; je montrerai ce que je puis. »

Le roi se rasséréna un peu, et il fit proclamer par la ville :

« Dans sept jours, le prince Siddhârtha se mesurera avec tous ceux qui sont habiles à un art, quel qu'il soit. »

Le moment venu, on vit entrer au palais tous ceux qui prétendaient à quelque habileté dans les arts ou dans les sciences. Dandapâni était là, et il promit de donner sa fille à celui, prince ou non, qui vaincrait tous les autres dans les luttes auxquelles on allait assister.

D'abord, un jeune homme, qui connaissait les régles de l'écriture, voulut défier le prince. Mais le sage Viçvâmitra sortit de la foule et dit :

« Jeune homme, une pareille lutte est inutile. Tu es déjà vaincu. Le prince était encore un enfant qu'on me l'amena : je devais lui apprendre l'écriture. Et il connaissait déjà soixante-quatre écritures ! Il connaissait des écritures dont j'ignorais jusqu'au nom ! »

Le témoignage de Viçvâmitra suffit pour assurer au prince la victoire dans l'art d'écrire.

On voulut alors éprouver jusqu'où allait sa science des nombres. Et l'on décida qu'un Çakya, nommé Arjouna, qui avait maintes fois résolu des calculs très difficiles, serait juge de l'épreuve.

Siddhârtha pose une question à un jeune homme qui se disait calculateur excellent, et le jeune homme ne put rien répondre.

« La question, pourtant, était simple, dit le prince. En voici une plus simple encore : qui y répondra ? »

Et personne ne répondit à la question nouvelle.

« À vous de m'interroger, » dit le prince.

On lui posa des questions qu'on estimait difficiles ; mais les réponses furent faites avant même que fussent finies les demandes.

« Qu'Arjouna lui-même interroge le prince ! » cria-t-on de toutes parts.

Arjouna proposa les calculs les plus subtils, et jamais Siddhârtha ne fut embarrassé pour donner les solutions justes.

Tous admiraient sa connaissance du calcul, et personne ne douta plus que son intelligence n'eut pénétré au fond de toutes les sciences. Aussi fut-ce aux exercices du corps qu'on se décida à le défier. Au saut comme à la course, il vainquit sans peine. À la lutte, il n'avait qu'à toucher du doigt ses adversaires pour les faire tomber sur le sol.

On apporta des arcs. Des tireurs habiles mirent des flèches dans des buts à peine visibles. Le prince, quand vint son tour de tirer, brisa, en voulant les tendre, tous les arcs qu'on lui offrit, tant était grande sa force naturelle. Enfin, le roi envoya de nombreux gardes chercher dans le temple où il était gardé un arc précieux, très ancien, que, de mémoire humaine, personne n'avait pu tendre ni soulever. Siddhartha prit l'arc de la main gauche, et, d'un seul doigt de la main droite, il le tendit. Alors, il se désigna pour but un arbre si éloigné, qu'il était seul à l'apercevoir ; la flèche transperça l'arbre, puis elle s'enfonça dans la terre, et y disparut. À l'endroit où la flèche était entrée dans la terre, il se forma un puits, qu'on nomma le Puits de la Flèche.

Il semblait que tout fût fini, et déjà l'on amenait pour le vainqueur un grand éléphant blanc, sur lequel il parcourrait la ville en triomphe. Mais un jeune Çakya, Devadatta, qui était très vain de sa force, saisit la bête à la trompe, et, par jeu, la frappa du poing. Elle tomba.

Le prince le regarda d'un œil sévère et lui dit :

« Tu as commis une mauvaise action, Devadatta. »

Et, du pied, il toucha l'éléphant qui se releva et l'adora.

Les acclamations à la gloire du prince ne cessaient pas. Çouddhodana était tout heureux, et Dandapâni, pleurant de joie, s'écriait :

« Gopâ, Gopâ, ma fille, sois fière d'être la femme d'un tel mari ! »

VIII

Le prince Siddhârtha se sentit heureux avec la princesse, sa femme. Et le roi qui, plus que jamais, adorait son fils, prenait soin qu'on écartât de lui tous les spectacles qui eussent pu l'affliger. Il lui fit construire trois palais magnifiques, un pour l'hiver, un pour l'été, le troisième pour la saison des pluies, et il lui défendit d'en sortir et d'errer par l'immensité de la terre.

Alors, dans ses palais, blancs comme les nuages d'automne, clairs comme les chars célestes des Dieux et des Déesses, le prince connut tous les plaisirs ; il vécut dans la volupté, et il passa les heures à écouter la musique dont le charmaient la princesse et les jeunes femmes, ses suivantes. Il regardait les danses qu'au son des timbales d'or menaient de belles danseuses, des danseuses souriantes, plus légères, plus aimables que les Apsaras bienheureuses.

Des femmes tournaient vers lui des yeux furtifs ; elles jouaient des sourcils, des paupières et des prunelles. Il s'amusait de leurs jeux, il était prisonnier de leurs grâces, et il ne songeait pas à quitter des demeures pleines de rires et de chansons. Il ignorait la vieillesse et la maladie ; il ignorait la mort.

Çouddhodana se réjouissait fort de la vie que menait son fils, mais, pour lui-même, il était très sévère. Il s'efforçait d'avoir l'âme sereine et pure de toute passion ; il s'abstenait de toute œuvre coupable, il prodiguait les dons aux êtres vertueux. Il ne se laissait point aller à la mollesse, ni aux plaisirs, il ne se laissait point brûler par le poison de l'avarice. Comme on soumet au joug des chevaux impétueux, il domptait les sens, et il l'emportait en sagesse sur ses parents et ses amis. Il ne cherchait pas le savoir pour nuire à autrui, il ne s'instruisait que dans les sciences qui peuvent servir à tous ; il ne voulait pas seulement le bien de son peuple, il désirait que partout les hommes fussent heureux. Il se purifiait le corps avec l'eau des étangs sacrés, et il se purifiait l'âme avec l'eau sainte de la vertu. Il ne prononçait pas de parole aimable, mais mensongère ; les vérités qu'il disait n'étaient jamais cruelles. Il s'efforçait d'être juste, et c'est par la droiture, non par la force, qu'il abattait l'orgueil de ses ennemis. Ceux qui avaient mérité la peine capitale, il ne les frappait pas, il ne les regardait pas avec des yeux de colère ; il leur donnait d'utiles conseils, puis il leur rendait la liberté.

Les sujets imitaient le roi, et le royaume de Kapilavastou était le plus pieux et le plus heureux des royaumes.

Or, la belle Gopâ donna au prince un fils, qui reçut le nom de Râhoula. Et le roi Çouddhodana vit avec joie que sa race se continuait, et, comme il avait été fier de la naissance de son fils, il fut fier de la naissance de son petit-fils.

Il persévéra dans la vertu, il vivait presque comme un ascète, il ne faisait que des œuvres pures ; et pourtant il poussait toujours vers de nouveaux plaisirs son fils bien-aimé, tant il avait peur de le voir quitter le palais et la ville, et marcher vers l'austère refuge des forêts saintes.

IX

Un jour, on dit, devant le prince, que l'herbe, aux forêts, devenait tendre, que les oiseaux du printemps chantaient dans les arbres et que, sur les étangs, s'ouvraient les grands lotus. La nature était délivrée des liens où l'avait tenue la saison froide. Les jardins, autour de la ville, étaient parés de fleurs gracieuses, les jardins aimés des jeunes femmes. Alors, tel un éléphant qui fut longtemps enchaîné dans une étable, le prince eut l'ardent désir de sortir du palais.

Le roi connut le désir de son fils, et il ne sut comment y résister.

« Mais, songeait-il, il ne faut pas que Siddhârtha voie rien qui trouble la sérénité de son âme ; il ne faut pas qu'il soupçonne les maux du monde. J'ordonnerai qu'on écarte de sa route les pauvres, les malades, les infirmes, tous ceux qui souffrent. »

La ville fut ornée de guirlandes et de banderoles ; un char superbe fut attelé, et tous ceux à qui manquait un membre, tous les vieillards, tous les mendiants durent s'éloigner des rues où passerait le prince.

L'heure venue, le roi fit appeler son fils. Les larmes aux yeux, il le baisa au front ; il le regarda longuement, et il lui dit : « Va ! » De la parole il lui permettait de quitter le palais, mais non pas de la pensée. »

Le prince monta dans un char d'or, que tiraient quatre chevaux caparaçonnés d'or ; le cocher avait en mains des rênes d'or. Ceux à qui était laissé l'accès des rues qu'il suivait, étaient riches, jeunes, beaux ; tous s'arrêtaient à son passage et le contemplaient. Certains le louaient pour la douceur de son regard ; d'autres le vantaient pour la majesté de son visage ; d'autres l'exaltaient pour la beauté régulière de ses traits ; d'autres enfin le glorifiaient pour l'exubérance de sa force. Tous s'inclinaient devant lui comme s'inclinent les étendards devant la statue d'un Dieu.

Les femmes, dans les maisons, entendaient le cri de la rue. Elles s'éveillaient ou laissaient les tâches familières, et, en hâte, elles allaient aux fenêtres ou montaient sur les terrasses ; elles l'admiraient et toutes murmuraient : « Heureuse son épouse ! »

Et lui, à voir la splendeur de la ville, à voir la richesse des hommes, à voir la grâce des femmes, sentait naître en son âme une joie nouvelle.

Alors, les Dieux, jaloux de la félicité céleste que goûtait une ville de la terre, formèrent un vieillard, et l'envoyèrent sur le chemin du prince, pour troubler son esprit.

L'homme s'appuyait sur un bâton : il était décrépit, cassé. Les veines saillaient sur son corps, les dents branlaient dans sa bouche, sa peau était toute creusée de rides noires ; de son crâne pendaient quelques cheveux d'un gris sale ; ses paupières, sans cils, étaient rouges ; sa tête, ses jambes, ses bras tremblaient.

Le prince vit cet être si différent des hommes qui l'entouraient. Il fixa sur lui des yeux pleins d'anxiété, et il demanda au cocher :

« Quel est cet homme courbé, cet homme aux cheveux gris ? Sa main décharnée s'attache à un bâton, ses yeux n'ont pas de lumière, ses jambes se dérobent. Est-il un monstre ? Est-ce la nature qui l'a fait ainsi ? Est-ce le hasard ? »

Le cocher n'eût pas dû répondre à la question du prince ; mais les Dieux égaraient son esprit, et, sans comprendre sa faute, il parla :

« Celle qui détruit la beauté, qui ruine la force, qui enfante la douleur et qui tue le plaisir, celle qui appauvrit la mémoire et qui abat les sens, la vieillesse s'est emparée de cet homme et l'a brisé. Lui aussi fut un enfant qui buvait le lait de sa mère, lui aussi se traîna sur le sol ; il grandit, il fut jeune, il eut la force et la beauté ; puis, il arriva au déclin de l'âge, et, maintenant, tu le vois tout délabré par la vieillesse. »

Le prince, ému, demanda :

« Subirai-je, moi aussi, un pareil sort ? »

Le cocher répondit :

« Pour toi aussi, seigneur, passera la jeunesse, pour toi aussi viendra la vieillesse incommode ; avec le temps, nous perdons la vaillance et la beauté. »

Le prince frémit comme un taureau qui entend gronder la foudre ; il soupira longuement, il secoua la tête ; ses yeux allèrent du triste vieillard à la foule joyeuse, et il dit des paroles graves :

« Ainsi donc la vieillesse détruit chez tous les hommes la mémoire, la beauté, la force, et le monde ne succombe pas à la terreur ! Tourne les chevaux, ô cocher, rentrons dans nos demeures. Comment jouirais-je des jardins et des fleurs ? Mes yeux ne voient plus que la vieillesse, mon esprit ne songe plus qu'à la vieillesse. »

Le prince rentra dans son palais, mais il n'y retrouva pas le calme. Il allait de salle en salle, murmurant : « Oh, la vieillesse, la vieillesse ! » Il ne connaissait plus la joie.

Il résolut pourtant de tenter une nouvelle promenade.

Alors, les Dieux formèrent un homme accablé de maladies, et ils le mirent sur le chemin de Siddhârtha.

Siddhârtha aperçut le malade, il fixa les yeux sur lui, et il demanda au cocher :

« Quel est cet homme au ventre épais ? Il a le souffle haletant ; ses bras maigres tombent lâchement le long de son corps ; son visage est tout pâle ; de ses lèvres s'échappent des cris lamentables ; il chancelle : il se heurte aux passants ; il s'abandonne… Cocher, cocher, quel est cet homme ? »

Le cocher répondit :

« Chez cet homme, seigneur, est née, d'une inflammation des humeurs, toute la détresse de la maladie. Il est la faiblesse même ; et lui aussi, jadis, il était sain et fort ! »

Le prince jetait au malade des regards de pitié, et il demanda encore :

« Cette disgrâce est-elle particulière à cet homme ? Ou bien la maladie menace-t-elle toutes les créatures ? »

Le cocher reprit :

« Pareille disgrâce, ô prince, peut nous atteindre tous. La maladie écrase le monde. »

En entendant la douloureuse vérité, le prince se mit à trembler comme la lune reflétée dans les vagues de la mer, et il prononça des paroles d'amertume et de pitié :

« Les hommes voient la souffrance et la maladie, et ils ne perdent pas toute confiance en eux-mêmes ! Ah, qu'elle est grande leur science ! Ils vivent sous la menace constante des maladies, et ils peuvent rire, et ils peuvent se réjouir ! Tourne le char, cocher : la promenade est finie. Rentrons au palais. J'ai appris à craindre les maladies, et mon âme, qui repousse les plaisirs, semble se replier sur elle-même, comme une fleur à qui manque la lumière. »

Tout à sa cruelle méditation, il rentra au palais.

Le roi Çouddhodana remarqua l'humeur sombre de son fils. Il s'enquit des raisons qui avaient abrégé les promenades du prince ; le cocher ne les lui cacha point. Le roi eut une grande douleur : il se voyait déjà abandonné de l'enfant qu'il chérissait. Il se départit de son calme ordinaire, il s'emporta contre l'homme qu'il avait chargé de la police des rues, il le punit, mais la punition ne fut pas grave, tant il avait l'habitude de l'indulgence. L'homme, d'ailleurs, était fort étonné des reproches qu'on lui faisait : il n'avait aperçu ni le vieillard ni le malade.

Plus que jamais, le roi voulut retenir son fils dans le palais ; il chercha pour lui les plus rares plaisirs. Mais rien, maintenant, ne pouvait distraire Siddhârtha de ses rêveries douloureuses. Le roi pensa : « Qu'il sorte une fois encore ! La promenade peut-être lui rendra la joie. »

Il donna les ordres les plus sévères pour que les infirmes, les malades, les vieillards fussent chassés de la ville. Il changea le cocher du prince, étant sûr que cette fois, rien ne lui troublerait l'âme.

Mais les Dieux jaloux formèrent un cadavre ; quatre hommes le portaient et d'autres hommes le suivaient en pleurant. Et le mort, ainsi que les hommes qui le portaient et les hommes qui pleuraient, n'était visible que pour le prince et le cocher.

Et le fils du roi demanda :

« Quel est donc celui-ci, qui est porté par quatre hommes, et que suivent des hommes affligés, aux vêtements tristes ? »

De par la volonté des Dieux, le cocher, qui aurait dû se taire, répondit :

« Seigneur, il n'a plus ni intelligence, ni sens, ni souffle ; il dort, sans conscience, pareil à l'herbe et au bois ; il ignore, maintenant, le plaisir et la douleur, et, comme ses amis, ses ennemis l'ont abandonné. »

Le prince fut troublé et il dit : « Une telle condition n'a-t-elle été faite qu'à cet homme, ou une même fin attend-elle toutes les créatures ? »

Le cocher répondit : « Une même fin attend toutes les créatures. De tout être qui vit en ce monde la mort est fatale, qu'il soit vil ou qu'il soit noble. »

Alors le prince Siddhârtha connut ce qu'est la mort ; malgré sa fermeté, il frissonna ; il dut s'appuyer au char, et ses paroles furent pleines d'affliction :

« Voilà donc où le destin mène les créatures ! Et pourtant, libre de crainte, l'homme se livre à mille amusements ! Ah, je commence à croire que l'âme de l'homme est endurcie ! La mort est là, et il s'en va joyeux, par les chemins du monde ! Tourne le char, cocher ; le temps n'est pas venu d'aller dans les jardins fleuris. Comment l'homme sensé, l'homme qui connaît la mort, se réjouirait-il à l'heure de l'angoisse ? »

Mais le cocher continua vers le jardin où le roi voulait que fût conduit son fils. Là, sur l'ordre de Çouddhodana, le fils du prêtre domestique, Oudâyin, qui était, depuis l'enfance, l'ami de Siddhârtha, avait réuni de belles jeunes femmes, expertes en l'art du chant et en l'art de la danse, expertes aussi à tous les jeux de l'amour.

X

Le char entra dans le bois dont les jeunes arbres étaient tout fleuris. Des oiseaux enivrés d'air et de lumière y voletaient avec joie, et des lotus y buvaient l'heureuse fraîcheur des étangs. Le bois était plein d'amoureux sourires.

Siddhârtha allait contre son gré, tel un solitaire aux vœux jeunes encore, qui craindrait les tentations, et qu'on pousserait dans les palais divins où dansent les belles Apsaras. Curieuses, les femmes se levèrent et vinrent au-devant du prince comme au-devant d'un fiancé. L'admiration épanouissait leurs yeux, et elles tendaient vers lui des mains pareilles à des fleurs. Toutes pensaient : « C'est Kâma lui-même qui est descendu sur la terre. » Mais nulle ne parlait, nulle n'osait sourire, tant il les dominait de sa majesté.

Oudâyin appela les plus hardies et les plus belles, et il leur dit :

« Qu'avez-vous donc aujourd'hui, vous que j'ai choisies entre toutes pour séduire le prince, mon ami ? D'où vient que vous vous abaissiez au rang d'enfants timides et silencieuses ? Votre grâce, votre beauté, votre hardiesse rendraient même des femmes amoureuses de vous, et vous tremblez devant un homme ! Je ne suis pas content de vous. Réveillez-vous ! Éblouissez-le ! Qu'il cède à l'amour ! »

Une des jeunes femmes l'interrompit :

« Il nous effraie, ô maître ; il nous effraie par sa splendeur majestueuse.

— Si grand qu'il soit, reprit Oudâyin, il ne doit pas vous effrayer. Singulière est la puissance des femmes. Qu'il vous souvienne de tous ceux qu'ont, par les siècles, subjugués de tendres regards. Jadis le grand ascète Vyâsa, que les Dieux mêmes n'osaient affronter, reçut un coup de pied d'une courtisane qu'on appelait la Belle de Bénarès, et il en fut heureux. Le religieux Manthâlagautama, qui s'était illustré par ses longues pénitences, voulut plaire à une femme de la caste la plus basse, à l'impure Janghâ, et il se fit croque-morts. Çântâ sut, par son art, séduire Rishyaçringa, le sage qui n'avait jamais connu la femme, et le plus pieux des hommes, le glorieux Viçvâmitra, céda dans les forêts à l'Apsaras Ghritâcî. Combien vous en citerais-je encore qui furent vaincus par vos pareilles, ô belles ! Allez ; ne craignez pas le fils du roi. Souriez-lui et il vous aimera. »

Les paroles d'Oudâyin raffermirent le courage des femmes, et le prince se vit entouré de sourires et de grâces.

Les jeunes femmes usaient des ruses les plus aimables pour s'approcher de Siddhârtha, pour le frôler, pour le saisir, pour l'embrasser. Une feignait un faux pas, et se retenait à sa ceinture. Une autre venait à lui, mystérieuse, et, tout bas, lui soupirait à l'oreille : « Daigne, ô prince, écouter mon secret. » Une autre simulait une ivresse légère ; doucement, elle laissait tomber le voile bleu qui lui couvrait les seins, et elle venait s'appuyer à son épaule. Une autre sautait d'une branche de manguier, et, rieuse, tentait de l'arrêter au passage. Une autre encore lui tendait une fleur de lotus. Une chanta : « Vois, cher époux, cet arbre est tout couvert de fleurs, de fleurs dont le parfum enivre ; heureux, comme enfermés dans une cage d'or, des oiseaux merveilleux y chantent. Écoute, autour des fleurs, bourdonner les abeilles : le feu les anime et les brûle ; regarde la liane embrasser l'arbre en joie, la brise amoureuse les frôle. Vois-tu là-bas, dans la clairière favorable, l'étang argenté qui sommeille ? Il sourit mollement, comme une jeune femme qu'un rayon attendri caresse. »

Mais le prince ne souriait pas ; il n'était pas joyeux ; il songeait à la mort.

Il pensait : « Elles ne savent donc point, ces femmes, que la jeunesse est fugitive, que la vieillesse viendra, et qu'elle emportera leur beauté ! Elles ne prévoient pas l'assaut prochain de la maladie qui est la maîtresse du monde ! Et elles ne connaissent pas la mort, la mort impérieuse, la mort qui détruit tout ! Voilà pourquoi, les insouciantes, elles peuvent jouer et elles peuvent rire ! »

Oudâyin essayait de rompre la méditation de Siddhartha :

« Comment, disait-il, es-tu si peu courtois à l'égard de ces jeunes femmes ? Elles ne te plaisent point, peut-être : qu'importe ? Témoigne-leur quelque bienveillance, fût-ce au prix d'un mensonge. Épargne-leur la honte d'être dédaignées. Que vaudra ta beauté, si tu ignores la courtoisie ? Tu seras pareil à une forêt sans fleurs.

— À quoi bon mentir ? répondit le prince, à quoi bon flatter ? Je ne veux pas duper ces femmes. La vieillesse et la mort m'attendent. Ne cherche pas à me séduire, Oudâyin ; ne m'entraîne pas vers des plaisirs sans noblesse. J'ai vu la vieillesse, j'ai vu la maladie ; rien n'apaise mon esprit. Je ne puis douter de la mort. Et je me laisserais aller à l'amour ? L'homme qui connaît la mort, et qui pourtant va vers l'amour, de quel métal est-il donc fait ? Un garde cruel est à sa porte, un garde implacable, et il ne pleure pas ! »

Le soleil était au couchant. Les femmes ne riaient plus ; le prince ne regardait pas les guirlandes ni les joyaux qui les paraient, elles sentaient que toutes leurs mines seraient vaines ; et, lentement, elles prirent le chemin de la ville.

Le prince rentra au palais. Le roi Çouddhodana apprit d'Oudâyin que son fils fuyait les plaisirs et il ne dormit pas cette nuit-là.

Gopâ attendait le prince. Il se détourna d'elle. Elle fut inquiète, et, comme elle venait, à grand'peine, de s'endormir, elle eut un songe :

Toute la terre était ébranlée ; les plus hautes montagnes vacillaient, un vent farouche agitait les arbres ; il les brisait, il les déracinait. Le soleil et la lune, ainsi que les étoiles, étaient tombés du ciel sur la terre. Elle, Gopâ, n'avait plus ni robes ni parures ; elle avait perdu sa couronne, elle était toute nue. Ses cheveux étaient coupés. Le lit nuptial était brisé ; les vêtements du prince et les pierreries qui les ornaient étaient épars sur le sol. Des météores planaient sur la ville ténébreuse, et le Mérou, roi des montagnes, tremblait.

Gopâ, tout effrayée, s'éveilla ; elle courut à son mari :

« Seigneur, seigneur, cria-t-elle, que va-t-il arriver ? J'ai fait un rêve terrible ! Mes yeux sont pleins de larmes, et ma pensée est pleine de crainte.

— Raconte-moi ton rêve, » répondit le prince.

Gopâ dit tout ce qu'elle avait vu dans son sommeil. Le prince eut un grand sourire.

« Réjouis-toi, Gopâ, dit-il, réjouis-toi. Tu as vu la terre ébranlée ? C'est qu'un jour les Dieux mêmes s'inclineront devant toi. Tu as vu la lune et le soleil tombés du ciel ? C'est que bientôt tu vaincras la corruption, et qu'on t'en donnera des louanges infinies. Tu as vu les arbres déracinés ? C'est que tu sortiras de la forêt des désirs. Tu t'es vue les cheveux coupés ? C'est que tu couperas le réseau des passions qui t'enserre. Mes vêtements, mes parures, étaient dispersés ? C'est que je marche vers la délivrance. Des météores planaient sur la ville ténébreuse ? C'est que, sur le monde ignorant, sur le monde aveugle, je ferai luire la lumière de la sagesse, et ceux qui auront foi en mes paroles connaîtront le plaisir suprême et la joie. Sois heureuse, ô Gopâ, chasse la mélancolie ; bientôt tu seras honorée. Dors, Gopâ, dors : tu as fait un beau songe. »

XI

Siddhârtha ne pouvait plus trouver le calme. Tel un lion qu'a percé un dard empoisonné, il errait dans ses demeures, sans joie.

Un jour, il voulut voir la campagne ; il sortit du palais, et il alla par les champs, au hasard. Il méditait :

« Il est pitoyable vraiment que l'homme, privé qu'il est de toute force réelle, exposé à la maladie, promis à la vieillesse, dominé par la mort, méprise, en son orgueil et en son ignorance, le malade, le vieillard, le mort. Si je prenais en dégoût mon semblable, alors qu'il est malade, qu'il est vieux, qu'il est mort, je serais injuste ; je ne serais pas digne de comprendre la loi suprême. »

Il considérait ainsi les misères des créatures, et il perdit la vaniteuse illusion de la force, de la jeunesse et de la vie. Il ne connut plus la joie ni le chagrin, le doute ni la fatigue, le désir ni l'amour, la haine ni le mépris.

Et, tout à coup, il vit venir à lui un être invisible aux autres hommes, et qui avait l'aspect d'un mendiant.

Le prince l'interrogea :

« Dis, qui es-tu ?

— Héros, répondit le moine, par crainte de la naissance et de la mort je me suis fait moine errant ; je poursuis la délivrance. Le monde est soumis à la destruction ; je ne pense pas comme les autres hommes ; je fuis les plaisirs, j'ignore les passions ; je cherche la solitude. Parfois, j'habite au pied d'un arbre ; parfois, je vis sur la montagne déserte, ou, parfois, dans la forêt. Je vais. Je ne possède rien, je n'espère rien ; j'ai pour but le bien suprême. L'aumône me fait vivre. »

Il parla. Puis il s'envola vers le ciel. Un Dieu avait pris la figure d'un moine pour éveiller la pensée du prince.

Siddhârtha se sentait joyeux. Il comprenait son devoir ; il songeait à quitter le palais et à devenir moine.

Comme il rentrait dans la ville, sans plaisir, une jeune femme passa près de lui : « Quelle béatitude est celle de ton épouse, beau prince, » dit-elle en le saluant. Il entendit la voix, et un grand calme se fit en lui : la pensée lui venait de la béatitude absolue, du nirvâna.

Il alla trouver le roi, il s'inclina et dit :

« Roi, consens à la demande que je vais te faire, ne me résiste pas. Je veux quitter la maison, je veux marcher dans la voie de la délivrance. Le dessein en est pris : il faut nous séparer, mon père. »

Le roi chancela ; et, la voix sanglotante, il parla à son fils :

« Fils, renonce à ton projet. Le temps n'est pas venu pour toi de te réfugier dans la vie religieuse. La pensée, au printemps de l'âge, est mobile et inconstante. S'adonner aux pratiques austères, quand on est jeune, est une grave erreur. Les sens sont curieux de plaisirs ; les résolutions les plus fermes cèdent aux fatigues des observances ; le corps est dans la forêt, la pensée s'en échappe. La jeunesse manque d'expérience. C'est à moi de suivre le devoir religieux. Le temps est venu pour moi de quitter la maison. J'abandonne la royauté. Règne, ô mon fils. Sois fort et courageux. Ta famille a besoin de toi. Connais d'abord les joies de la jeunesse, comme celles de l'âge mûr, puis tu te feras ermite, au fond des bois. »

Le prince répondit :

— Fais-moi quatre promesses, ô père, et je ne quitterai pas ta maison pour les bois.

— Que faut-il te promettre ? demanda le roi.

— Pour moi, la mort ne sera pas le terme de la vie ; pour moi, la maladie n'altérera pas la santé ; pour moi, la vieillesse ne succédera pas à la jeunesse ; pour moi, l'adversité ne détruira pas la prospérité.

— Tu en demandes trop, répliqua le roi. Renonce à ton projet. Il est mauvais d'agir sous l'impulsion d'un désir absurde. »

Mais, grave comme le mont Mérou, le prince dit à son père :

« Si tu ne peux me faire les quatre promesses, ne me retiens pas, ô mon père. On ne doit pas arrêter celui qui veut sortir d'une maison en flammes. Un jour vient, fatalement, où l'on se sépare du monde ; mais quel mérite y a-t-il à une séparation involontaire ? Mieux vaut une séparation volontaire. La mort m'emporterait du monde, sans que j'eusse atteint mon but, sans que j'eusse satisfait mes ardeurs. Le monde est une prison : puissé-je délivrer les êtres qui gisent dans la prison du désir ! Le monde est une fosse où errent des ignorants et des aveugles : puissé-je allumer la lampe de la science, puissé-je faire tomber la taie qui cache la lumière de la sagesse ! Le monde a déployé le mauvais étendard, l'étendard de l'orgueil : puissé-je arracher, puissé-je déchirer l'étendard de l'orgueil ! Le monde est agité, le monde est troublé, le monde est une roue de feu : puissé-je, par la bonne loi, donner à tous le repos ! »

Les yeux en larmes, il regagna les salles où riaient et chantaient les compagnes de Gopâ. Il n'eut point de regards pour elles. La nuit tombait. Elles se turent.

Elles s'endormirent. Le prince les regarda.

Elles ne cherchaient plus les attitudes gracieuses. Les chevelures étaient en désordre, les yeux n'éclairaient plus les visages. Les bouches s'alourdissaient, les seins s'écrasaient, les bras se raidissaient, les jambes se repliaient durement. Et le prince s'écria :

« Des mortes ! des mortes ! Je suis dans un cimetière ! »

Il sortit, et il alla vers les écuries royales.

XII

Il appela son écuyer, le rapide Chandaka :

« Amène-moi tout de suite, dit-il, mon cheval Kanthaka. Je veux partir d'ici pour aller vers l'éternelle béatitude. L'intime joie que j'éprouve, l'invincible force qu'a maintenant ma volonté, la certitude que, même solitaire, j'ai un protecteur, tout m'annonce que je touche au but que je me suis désigné. L'heure est venue, je marche à la grande délivrance. »

Chandaka connaissait l'ordre du roi ; et pourtant, aux paroles du prince, il se sentit dominé par une force supérieure, et il alla chercher le cheval.

Kanthaka était le meilleur des chevaux ; il était fort et souple. Siddhârtha lui fit de longues caresses, puis il lui parla d'une voix douce :

« Souvent, ô noble bête, mon père, monté sur toi, a défait dans la bataille de vigoureux ennemis ; aujourd'hui, je veux arriver à la suprême béatitude : donne-moi ton aide, ô Kanthaka. Les compagnons de guerre ou de plaisir sont faciles à trouver ; les amis ne vous manquent pas, quand vous allez à la conquête de la richesse ; mais compagnons et amis vous abandonnent quand vous suivez la voie de la piété. Or qui se fait l'auxiliaire d'un autre pour le bien ou pour le mal participe au bien ou au mal, j'en ai conscience. La vertu me fait agir, tu le comprends, ô Kanthaka ; prête-moi ta vitesse et ta vigueur ; il y va de ton salut, il y va du salut du monde. »

Quand il eut dit son désir à Kanthaka comme à un ami, le prince impatient se mit en selle. Il semblait le soleil chevauchant un nuage d'automne.

Le bon cheval se garda de faire aucun bruit dans la nuit sonore. Nul serviteur ne s'éveilla, nul habitant de Kapilavastou. Des barres de fer, très lourdes, tenaient fermées les portes de la ville ; un éléphant ne les eût soulevées qu'avec peine ; mais, pour que le prince passât, les portes s'ouvrirent d'elles-mêmes, silencieusement.

Abandonnant son père, son fils et son peuple, Siddhârtha sortit de la ville, sans regret, et, d'une voix ferme, il cria :

« Tant que je n'aurai pas vu le terme de la vie et de la mort, je ne rentrerai pas dans la ville de Kapila. »

XIII

Kanthaka, bravement, fournit une longue route, et, à l'heure où s'ouvrit l'œil du monde, le plus noble des hommes aperçut un bois où vivaient de pieux ermites. Des gazelles y dormaient tranquillement et des oiseaux y voletaient sans crainte. Siddhârtha se sentit tout reposé, et il crut qu'il ne devait pas aller plus loin. Il descendit de cheval, il caressa la bête, et, le regard joyeux, la voix heureuse, il dit à Chandaka :

« Vraiment, le cheval est fort et rapide comme un Dieu. Et toi, très cher ami, tu m'as, en m'accompagnant, montré combien tu m'aimes et combien tu es valeureux. Tes pareils sont rares, qui savent à l'énergie joindre le dévouement. Je suis content de ta noble action. Tu te montres mon ami, et tu n'as pas de récompense à attendre de moi ! D'ordinaire, pourtant, c'est l'intérêt qui rapproche entre eux les hommes. Je te l'affirme, tu m'as fait un grand plaisir. Maintenant, retourne à la ville avec le cheval. J'ai trouvé la forêt que je cherchais. »

Le héros alors ôta ses parures, et il les tendit à Chandaka.

« Prends ce collier, dit-il, et va trouver mon père. Tu lui diras qu'il ait confiance en moi, et qu'il ne se laisse pas aller au chagrin. Si j'entre dans un ermitage, ce n'est pas que je manque d'affection pour mes amis, ni que je ressente de la colère contre mes ennemis ; ce n'est pas non plus que je désire gagner le ciel. Ma tâche est meilleure ; je détruirai la vieillesse et la mort. Ne te désole donc pas, Chanda, et que mon père ne soit pas triste. J'ai quitté la maison pour me délivrer de la tristesse. La tristesse naît du désir ; l'homme qui se soumet aux passions, voilà celui qu'il faut plaindre. Quand un homme meurt, il se trouve toujours des héritiers de sa fortune, mais des héritiers de sa vertu, il ne s'en trouve guère, il ne s'en trouve pas. Si mon père te dit : « il est parti pour les forêts avant le temps voulu, » tu lui répondras que la pratique de la vertu est toujours de saison, tant la vie est instable. Dis au roi de telles paroles, ô mon ami. Fais en sorte aussi qu'il perde mon souvenir ; affirme-lui que je n'ai ni vertu ni mérite ; on n'aime pas l'homme sans vertu, et qui n'aime pas ne pleure pas. »

Chandaka répondit, les larmes aux yeux :

« Comme ils vont gémir, ceux qui t'aiment ! Tu es beau, tu es jeune, les palais des Dieux devraient être tes demeures, et tu veux t'étendre sur la terre des bois, parmi les herbes dures et les racines sauvages ? Ah, je savais ta cruelle résolution. Je ne devais pas aller chercher Kanthaka ; mais une force surnaturelle m'a poussé, m'a trompé, et je t'ai amené le cheval. Maître de moi, comment aurais-je commis une pareille action ? Dans Kapilavastou, j'ai fait entrer la douleur. Ton père te chérit, ne l'abandonne pas, ô prince ! Et Mahâprajâpatî ! Que n'a-t-elle pas fait pour toi ! Elle est ta seconde mère : n'agis pas en ingrat !

N'as-tu pas encore une femme qui t'aime ? Ne délaisse pas la fidèle Gopâ ! Et avec elle, élève ton fils, qui, un jour, sera ta gloire. »

Il sanglotait amèrement. Le héros se taisait. Chanda reprit :

« Tu vas quitter à jamais les tiens ! Ah, si tu veux les affliger d'une si triste nouvelle, que je n'en sois pas, du moins, le messager ! Que me dirait le roi, en me voyant revenir sans toi ? Que me dirait ta mère ? Que me dirait Gopâ ? Et, quand je serai devant ton père, tu me conseilles de te refuser tout mérite, toute vertu ! Comment le ferais-je, seigneur ? Je ne sais pas mentir. Et puis, si je me décidais au mensonge, qui me croirait ? À qui ferait-on croire que la lune a des rayons brûlants ? »

Il saisit la main du héros.

« Ne nous abandonne pas ! Reviens, oh, reviens ! »

Siddhârtha se tut encore un instant. Puis, d'une voix très grave, il parla :

« Il faut nous séparer, Chanda. L'heure vient toujours où les êtres les plus unis doivent s'éloigner les uns des autres. Si, par affection, je renonçais à quitter les miens, la mort viendrait nous séparer malgré nous. Que suis-je aujourd'hui pour ma mère ? Qu'est-elle pour moi ? Les oiseaux qui, la nuit, dorment sur un même arbre, se dispersent quand vient l'aurore ; les nuages du ciel qu'un souffle a rassemblés, un autre souffle les sépare. Je ne puis plus vivre dans ce monde qui n'est qu'un songe. Il faut nous séparer, ami. Dis au peuple de Kapilavastou qu'il n'a pas de reproches à me faire, dis-lui qu'il renonce à m'aimer ; dis-lui encore qu'il me reverra bientôt, vainqueur de la vieillesse et de la mort, à moins que je n'échoue et ne meure, misérablement. »

Kanthaka lui léchait les pieds. Le héros caressa le cheval, et il lui parla comme à un ami :

« Ne pleure pas. Tu as prouvé que tu es un noble animal. Prends patience. Le temps approche où tes peines auront leur récompense. »

Ensuite, il prit des mains de Chandaka une épée à la poignée d'or et de pierreries ; la lame était bien affilée ; d'un seul coup, il trancha sa chevelure. Il la lança dans l'air, et elle rayonna comme un astre nouveau. Les Dieux la recueillirent, et ils la vénérèrent pieusement.

Mais le grand héros portait encore des vêtements précieux ; il en souhaitait de simples, de ceux qui conviennent aux ermites. Et voici qu'un chasseur parut, dont l'habit grossier était d'une étoffe rougeâtre. Siddhârtha lui dit :

« Ton vêtement paisible, pareil à celui des ascètes, et ton arc cruel font un singulier contraste. Donne-moi ton habit, et, en échange, prends le mien, qui te siéra fort.

— Grâce à cet habit, répondit le chasseur, je trompe les bêtes dans les forêts ; elles me voient sans défiance, et je les abats de près. Pourtant, seigneur, s'il peut t'être utile, je te le donnerai volontiers, et je prendrai le tien. »

Siddhârtha vêtit avec joie l'habit rougeâtre du chasseur. Le chasseur reçut avec respect le vêtement du héros, puis il s'envola vers le ciel. Siddhârtha comprit que les Dieux mêmes avaient voulu lui donner son habit d'ermite, et il en fut tout heureux. Chandaka était frappé d'admiration.

Le saint héros, dans son habit rougeâtre, allait par le chemin de l'ermitage ; on eût dit le roi des monts dans les nuages du crépuscule.

Et Chandaka, tout triste, reprit la route de Kapilavastou.

XIV

Gopâ s'était éveillée au milieu de la nuit. Elle souffrait d'une inquiétude étrange. Elle appela son bien-aimé, le prince Siddhârtha ; nulle voix ne lui répondit. Elle se leva. Elle parcourut les salles du palais ; elle ne le vit pas. Elle eut peur. Les servantes dormaient. Gopâ ne put retenir un cri :

« Ah, méchantes, vous m'avez trahie ! Vous avez laissé fuir mon bien-aimé ! »

Les servantes ouvrirent les yeux. Elles fouillèrent toutes les chambres. On n'en pouvait plus douter : le prince avait quitté sa demeure. Et Gopâ se roulait à terre, s'arrachait les cheveux et se meurtrissait le visage.

« Il me l'avait bien dit autrefois, qu'il s'en irait loin d'ici, le roi des hommes ! Mais je ne pensais pas qu'elle fut si prompte, la cruelle séparation. Où es-tu, mon bien-aimé ? Où es-tu ? Je ne puis t'oublier, moi que tu as laissée seule, toute seule ! Où es-tu ? Où es-tu ? Tu es si beau ! Tu es le plus beau des hommes. Tes yeux brillent. Tu es bon, et l'on t'aime, mon bien-aimé ! N'étais-tu pas heureux ? Ô aimé, aimé, où es-tu allé ? »

Ses compagnes voulaient en vain la consoler.

« Je ne boirai plus de boissons douces, je ne mangerai plus de mets délicats. Je dormirai sur la terre nue, j'aurai pour couronne la natte des ascètes, je ne prendrai plus de bains parfumés, je mortifierai ma chair. Les jardins n'ont ni fleurs ni fruits ; les guirlandes fanées sont lourdes de poussière. Le palais est désert. On n'y chantera plus les belles chansons d'autrefois. »

Mahâprajâpatî avait su d'une suivante la fuite de Siddhârtha. Elle vint trouver Gopâ. Et les deux femmes pleurèrent ensemble.

Le bruit que faisaient les femmes fut entendu par le roi Çouddhodana. Il en demanda la raison. Des serviteurs allèrent s'enquérir. Ils revinrent avec cette réponse :

« Seigneur, on ne trouve plus le prince dans le palais.

— Fermez les portes de la ville, cria le roi, et cherchez mon fils par toutes les rues, dans tous les jardins, dans toutes les maisons. »

On obéit, mais, nulle part, on ne trouva le prince. Le roi gémit.

« Mon fils, mon seul enfant ! » disait-il avec des sanglots. Il s'évanouit. Mais on eut vite fait de le rappeler à lui, et il ordonna :

« Que des cavaliers s'en aillent dans toutes les directions, et qu'on me ramène mon fils ! »

Or, Chandaka était revenu lentement de l'ermitage, avec le cheval Kanthaka. Ils approchaient de la ville, et tous les deux baissaient la tête, tristement. Des cavaliers les aperçurent.

« C'est Chandaka ! C'est Kanthaka ! » s'écrièrent les cavaliers, et ils pressèrent leurs montures. Ils virent que Chandaka rapportait les joyaux du prince. Ils demandèrent anxieux :

« Le prince a-t-il été assassiné ?

— Non, non, répondit en hâte Chandaka. Il m'a confié ces bijoux pour que je les rende aux siens. Il a vêtu l'habit des ascètes, et il est entré dans une forêt où vivent de pieux ermites.

— Crois-tu, reprirent les cavaliers, que nous le ramènerions, si nous allions jusqu'à lui ?

— Inutiles seraient vos paroles. Il est de trop ferme courage. Il a dit : « Je ne rentrerai dans Kapilavastou qu'ayant vaincu la vieillesse et la mort ». Et ce qu'il a dit, il le fera. »

Chandaka suivit les cavaliers au palais. Le roi courut à lui.

« Mon fils ! Mon fils ! où est-il allé, Chandaka ? »

L'écuyer raconta tous les actes du prince. Le roi fut triste, mais il ne pouvait s'empêcher d'admirer la grandeur de son fils.

Gopâ et Mahâprajâpatâ entrèrent ; elles avaient appris le retour de Chandaka. Elles l'interrogèrent, et elles connurent la résolution qu'avait prise Siddhârtha.

« Ô toi qui faisais ma joie, dit Gopâ en gémissant, toi dont la voix était si douce, toi qui avais toute la force et toute la grâce, toute la science et toute la vertu ! quand tu me parlais, je croyais entendre les chansons les plus belles, et, quand je me penchais vers toi, je respirais le parfum de toutes les fleurs. Loin de toi, maintenant, je pleure. Où Kanthaka, le cheval fidèle, t'a-t-il conduit ? Que deviendrai-je ? Mon guide s'en est allé. Me voici pauvre. J'ai perdu mon trésor. Il était mes yeux ; je ne vois plus la lumière, je suis aveugle. Ah, quand reviendra-t-il, celui qui faisait ma joie ? »

Mahâprajâpatî vit les joyaux qu'avait rapportés Chandaka. Elle les regarda longuement. Elle pleura. Elle prit les joyaux ; elle sortit du palais.

Elle pleurait toujours. Elle alla au bord d'un étang, elle regarda les joyaux, une fois encore, et elle les jeta dans l'eau.

Kanthaka était rentré dans les écuries. Les autres chevaux, heureux de son retour, hennissaient amicalement. Mais il ne les entendait pas, il ne les voyait pas. Il était tout triste. Il eut quelques gémissements, et, tout à coup, il tomba, mort.

XV

Siddhârtha était entré dans l'ermitage où le pieux Arâta-Kâlâma enseignait le renoncement à des disciples nombreux. Tous, en le voyant, l'avaient admiré ; partout où il passait, brillait une lumière merveilleuse ; dès qu'il parlait, on l'écoutait avec joie ; sa voix était douce et forte, et il savait convaincre. Un jour Arâta-Kaléma lui dit :

« Tu connais la loi aussi bien que je la connais ; tout ce que je sais, tu le sais ; désormais, si tu veux, nous aurons tous les deux la même tâche ; nous nous partagerons l'enseignement des disciples. »

Le héros se demanda : « La loi qu'enseigne Arâta est-elle la bonne loi ? En la suivant, parvient-on à la délivrance ? »

Il réfléchit : « Arâta et ses disciples vivent dans les plus grandes austérités. Ils refusent la nourriture qu'on prépare dans les maisons ; ils ne mangent que des feuilles, des fruits et des racines ; ils ne boivent que de l'eau ; ils sont plus sobres que les oiseaux, qui picorent des grains, que les gazelles, qui broutent de l'herbe, que les serpents, qui aspirent les brises de l'air. Ils dorment sous les branches ; ils se brûlent aux rayons du soleil ; ils s'exposent aux vents âpres ; ils déchirent aux pierres des chemins leurs pieds et leurs genoux. Pour eux, c'est par la douleur qu'on acquiert la vertu. Et ils se croient heureux, car ils songent que des austérités parfaites leur vaudront de monter au ciel ! Ils monteront au ciel ! Cependant la race humaine continuera à souffrir la vieillesse et la mort ! Qui se voue aux austérités et ne se soucie point du mal constant de la naissance et de la mort ne fait qu'à la douleur ajouter la douleur. Les hommes tremblent devant la mort, et pourtant ils s'emploient de tout leur courage à renaître ; ils s'enfoncent, toujours plus profondément, dans le gouffre où ils ont peur. Si pieuse est la mortification, la jouissance sera impie ; mais à la mortification dans ce monde succède la jouissance dans l'autre : ainsi, la piété a pour récompense l'impiété. Si, pour se sanctifier, il suffit d'être sobre, les gazelles seront saintes ; saints aussi seront les hommes déchus de leur caste, car leur mauvais destin les entraîne loin des plaisirs. Mais, dira-t-on, c'est l'intention de souffrir qui crée la vertu religieuse. L'intention ! On peut mettre son intention à jouir aussi bien qu'à souffrir, et, si l'intention de jouir ne vaut pas, pourquoi l'intention de souffrir vaudrait-elle ? »

Il réfléchissait ainsi dans l'ermitage d'Arata-Kélama. Il comprit la vanité de la doctrine qu'enseignait le maître, et il lui dit :

« Je n'enseignerai pas ta doctrine, Arâta. Celui qui la connaît n'arrive pas à la délivrance. Je sortirai de ton ermitage, et je chercherai à quelle règle il faut se soumettre pour que soit détruite la douleur. »

Et le héros s'en alla vers le pays de Magadha, et là, seul, dans la méditation, il demeura sur le penchant d'une montagne, près de la ville de Râjagriha.

XVI

Or, un matin, le héros, ayant pris le vase à aumônes, entra dans la ville de Râjagriha. Les passants qui le croisaient admiraient sa noblesse et sa beauté, et ils se demandaient : « Quel est cet homme ? On dirait un Dieu, Çakra ou Brahmâ lui-même. » Bientôt, le bruit se répandit par la ville qu'un être merveilleux la parcourait en mendiant ; tous voulaient voir le héros. On le suivait. Les femmes se précipitaient aux fenêtres. Lui allait toujours, d'un pas grave ; sur la ville il y avait une clarté singulière.

Un homme courut prévenir le roi qu'un Dieu, sans doute, mendiait par les rues de la ville. Le roi Vimbasâra monta sur la terrasse du palais, et il vit le héros. Il fut ébloui de sa splendeur. Il lui fit porter une aumône abondante, et il ordonna qu'on le suivit et qu'on découvrit sa retraite. Le roi sut ainsi que le mendiant superbe habitait près de la ville, sur le penchant de la montagne.

Le lendemain, Vimbasâra sortit de la ville ; il s'en alla vers la montagne ; il descendit de son char, et, sans suite, il marcha vers un arbre à l'ombre duquel était assis le héros. Il s'arrêta quand il fut près de l'arbre ; et, muet d'admiration, avec un respect suprême, le roi contempla le mendiant.

Ensuite, il s'inclina humblement, et il dit :

« Ma joie est extrême de t'avoir vu. Ne reste pas sur la montagne déserte ; il ne faut plus que tu couches sur la terre dure ; tu es beau, tu resplendis de jeunesse ; ne quitte pas mon royaume, mais viens dans la ville ; je t'y donnerai un palais, et tu pourras satisfaire tes désirs, quels qu'ils soient.

— Seigneur, répondit le héros, d'une voix douce, seigneur, puisses-tu vivre longtemps ! Les désirs ne m'importent guère ; je mène la vie des ascètes ; je connais le calme.

— Tu es jeune, reprit le roi, tu es beau, tu es ardent : sois riche. Pour te servir, je te donnerai des femmes, les plus charmantes de mon royaume. Ne t'en va pas. Sois mon compagnon.

— J'ai abandonné de glorieuses richesses.

— Je te donne la moitié de mon royaume.

— J'ai abandonné le plus beau des royaumes.

— Satisfais ici tous tes désirs.

— Je connais la vanité des désirs. Les désirs sont pareils au poison. Les sages les méprisent. Je les ai rejetés comme on rejette un fétu de paille sèche. Les désirs passent comme les fruits des arbres, ils sont mobiles comme les nuages du ciel, ils sont perfides comme la pluie, ils sont changeants comme le vent ! Des désirs naît la douleur ; jamais un homme n'a satisfait tous ses désirs. Mais ceux qui cherchent la sagesse, qui méditent la loi vénérable, ceux-là vivent dans le calme. Qui boit de l'eau salée augmente sa soif ; de celui qui fuit les désirs la soif est apaisée. Je ne connais plus les désirs. Je veux connaître la bonne loi. »

Le roi dit :

« Quel est ton pays, ô mendiant ? Où est ton père ? Où est ta mère ? Quelle est ta caste ? Ta sagesse est grande. Parle.

— Peut-être, ô roi, connais-tu le nom de la ville de Kapilavastou ? Elle est prospère entre toutes. Mon père Çouddhodana y règne. Je l'ai quittée pour errer et mendier. »

Le roi répondit :

« Bonheur à toi ! Je suis heureux de t'avoir vu. Une ancienne amitié nous lie aux tiens. Sois bienveillant pour moi, et quand tu connaîtras la loi, daigne, ô maître, me l'enseigner. »

Par trois fois, il salua le héros, et il rentra dans Râjagriha.

Le héros apprit que, près de Râjagriha, vivait un ascète illustre, Roudraka, fils de Râma, qui enseignait la loi à de nombreux disciples. Il alla écouter ses leçons ; mais, non plus qu'Arâta Kâlâma, Roudraka ne connaissait la vraie loi, et le héros ne s'attarda pas auprès de lui.

Il alla sur la rive de la Nairañjanâ. Cinq disciples de Roudraka s'étaient attachés à lui : Kaundinya, Açvajit, Vâshpa, Mahânâman et Bhadrika.

XVII

Les eaux pures de la Nairañjanâ arrosaient une contrée fertile et riche. De beaux arbres y poussaient, autour d'heureux villages, et les prairies y abondaient. Le héros pensa : « Vraiment, ce lieu est aimable ; il semble inviter à la méditation. Peut-être y trouverai-je la voie de la sagesse. J'y veux demeurer. »

Il s'adonna à la plus grave contemplation. Il était si attentif à sa pensée, qu'il ne respirait plus. Et, un jour, il tomba évanoui. Les Dieux qui, du ciel, observaient ses actes, crurent qu'il était mort, et ils gémirent :

« Est-il donc mort, le fils des Çâkyas ? Est-il mort, laissant le monde dans la douleur ? »

La mère du héros, Mâyâ, vivait parmi les Dieux ; elle entendit les plaintes qu'on faisait autour d'elle, et elle craignit pour la vie de son enfant. Dans un cortège d'Apsaras elle descendit sur le bord de la Nairañjanâ ; elle vit Siddhârtha, raide, inerte, et elle pleura.

Elle dit :

« Quand tu naquis dans le jardin, on m'affirma, ô mon fils, que tu contemplerais la vérité. Plus tard, Asita prédit que tu délivrerais le monde. Toutes les prédictions sont mensongères. Tu ne t'es pas illustré par de royales conquêtes, tu n'as pas atteint la science suprême ! Tu es mort, solitaire, tristement. Qui te secourra, ô mon fils ? Qui te rappellera à la vie ? Pendant dix lunes, je t'ai porté dans mon sein, ô mon diamant, et, maintenant, je n'ai plus qu'à gémir. »

Elle jeta des fleurs sur le corps de son fils ; et voici qu'il fit un mouvement, et qu'il parla d'une voix douce :

« Ne crains rien, ma mère : ta peine n'aura pas été inutile ; Asita ne t'a pas menti. Que la terre se brise, que le Mérou s'engloutisse dans les eaux, que les étoiles pleuvent sur la terre, je ne mourrai pas. Seul, parmi les hommes, je survivrai au désastre du monde ! Ne pleure pas, ma mère ! Le temps est proche où j'atteindrai la science suprême. »

Mâyâ sourit aux paroles de son fils ; elle le salua trois fois, et elle remonta au ciel, tandis que chantaient les luths divins.

Pendant six ans, le héros resta au bord de la rivière. Il méditait. Il ne s'abritait ni du vent, ni du soleil, ni de la pluie ; il se laissait piquer par les taons, les moustiques et les serpents. Les jeunes hommes et les jeunes filles qui passaient, les pâtres et les bûcherons lui jetaient parfois de la poussière ou de la boue et lui criaient des railleries : il ne s'en apercevait pas. Il mangeait à peine : un fruit, quelques grains de riz ou de sésame suffisaient à sa nourriture. Et il devint très maigre. Ses côtes et ses vertèbres étaient saillantes. Mais, sous son front desséché, ses yeux agrandis brillaient comme des étoiles.

Pourtant, la vraie science ne se manifestait pas à lui. Et il pensa qu'il devenait très faible, et que, si toutes ses forces s'épuisaient, il n'arriverait point au terme qu'il s'était prescrit. Aussi résolut-il de se mieux nourrir désormais.

Près du lieu où méditait Siddhârtha était un village nommé Ourouvilva. Le chef de ce village avait dix filles ; elles admiraient le héros et elles lui apportaient en aumônes des graines et des fruits. D'ordinaire, il y touchait à peine. Or, un jour, les jeunes filles remarquèrent qu'il avait mangé tout ce qu'elles avaient offert. Le lendemain, elles vinrent avec un grand plat, plein de bouillie de riz ; il le vida. Le jour suivant, chacune apporta un mets différent ; le héros mangea tous les mets. Il commençait à devenir moins maigre ; et, bientôt, il prit la coutume d'aller au village quêter sa nourriture. Les habitants lui faisaient l'aumône, à l'envi, et il redevint fort et beau.

Mais les cinq disciples de Roudraka qui l'avaient accompagné se dirent :

« Ses austérités ne l'ont pas conduit à la vraie science. Et voici qu'il renonce à les pratiquer. Il prend une nourriture abondante. Il recherche le bien-être. Il ne songe plus aux œuvres saintes. Comment, maintenant, parviendrait-il à la vraie science ? Nous l'avons pris pour un sage, nous nous sommes trompés : c'est un fou et un ignorant. »

Ils s'éloignèrent de lui et ils allèrent à Bénarès.

XVIII

Depuis six ans qu'il les portait, les vêtements du héros s'étaient fort usés, et il pensa :

« Il serait bon que j'eusse des vêtements neufs ; sinon, j'irai bientôt nu, et je manquerai à la décence. »

Il passait près du cimetière. Or, la plus pieuse des dix jeunes filles qui, longtemps, l'avaient nourri, Soujâtâ, avait une esclave qui venait de mourir. Elle avait enveloppé le corps d'un linceul de toile rougeâtre, et l'avait fait porter au cimetière. L'esclave morte gisait dans la poussière. Le héros l'aperçut ; il se pencha, et il prit la toile.

La toile était toute poussiéreuse, et le héros n'avait pas d'eau pour la laver. Du ciel, Çakra vit son ennui ; il descendit sur terre, frappa le sol, et un étang apparut aux pieds du Saint.

« C'est bien, dit-il, voici de l'eau ; mais il me faudrait encore une pierre à laver. »

Çakra sut former une pierre, et il la posa sur le bord de l'étang.

« Homme pur, dit le Dieu, donne-moi la toile, et je te la laverai.

— Non pas, répondit le Saint. Je sais les devoirs du religieux, et c'est moi-même qui laverai la toile. »

Quand la toile fut propre, il prit un bain. Mais, depuis quelques jours, Mâra, le Malin, le guettait ; il éleva les rives de l'étang et les rendit abruptes ; le Saint ne pouvait plus sortir de l'eau. Par bonheur, il y avait, tout près de l'étang, un grand arbre, et le Saint fit une prière à la Déesse qui y vivait.

« Que par toi, Déesse, une branche de cet arbre se courbe vers moi ! »

Aussitôt, une branche se courba ; le Saint la saisit et il put sortir de l'étang. Il alla s'asseoir sous l'arbre, et se mit à coudre la toile pour s'en faire un vêtement.

La nuit vint. Il s'endormit, et il eut cinq rêves.

D'abord, il se vit couché dans un grand lit, qui était toute la terre ; sous sa tête, il y avait un coussin, qui était l'Himâvat ; il posait la main droite sur la mer occidentale, la main gauche sur la mer orientale, et ses pieds touchaient à la mer du sud.

Ensuite, il vit un roseau qui sortait de son nombril, et le roseau grandissait très vite, jusqu'à toucher la voûte du ciel.

Puis, il vit des vers qui montaient le long de ses jambes et les couvraient tout entières.

Puis, il vit des oiseaux, qui, de tous les points de l'horizon, volaient vers lui ; et, quand ils furent près de sa tête, ils semblèrent d'or.

Enfin, il se vit au pied d'une montagne d'immondices et d'excréments ; il gravit la montagne, il en atteignit le sommet, il descendit, et les immondices ni les excréments ne l'avaient souillé.

Il s'éveilla, et, par ces rêves, il comprit que le jour était venu où, ayant atteint la science suprême, il serait un Bouddha.

Il se leva, et il se mit en route vers le village d'Ourouvilva, pour y mendier.

Or, Soujâtâ venait de traire huit vaches merveilleuses qu'elle possédait ; le lait de ces vaches était gras, onctueux, d'une saveur délicate. Elle le mêla avec du miel et de la farine de riz, et elle mit à cuire le mélange dans un pot neuf, sur un fourneau neuf. De gros bouillons se formaient, qui tournaient vers la droite, sans que le liquide montât ni qu'une goutte s'en répandît. Du fourneau ne sortait point de fumée. Soujâtâ était toute étonnée, et elle disait à Pournâ, sa servante :

« Pournâ, les Dieux, sans doute, nous sont favorables, aujourd'hui. Va donc voir si le saint homme n'approche pas de la maison. »

Pournâ, du pas de la porte, aperçut le héros qui marchait vers la maison de Soujâtâ. Mais une grande lumière émanait de son corps, une lumière dorée, et Pournâ fut éblouie. Elle courut à sa maîtresse :

« Maîtresse, il vient ! il vient ! Et tes yeux ne pourront pas supporter la splendeur qui l'environne !

— Ah, qu'il vienne ! qu'il vienne ! s'écria Soujâtâ. C'est pour lui que j'ai préparé le lait des vaches merveilleuses. »

Elle versa dans un vase d'or le lait mêlé de miel et de farine et elle attendit le héros.

Il entra. La maison fut toute illuminée. Soujâtâ, pour l'honorer, le salua par sept fois. Il s'assit. Soujâtâ se mit à genoux et lui lava les pieds avec de l'eau parfumée, puis elle lui tendit le vase d'or, plein de lait à la farine de riz et au miel. Il pensa :

« Les Bouddhas de jadis ont, paraît-il, pris dans un vase d'or leur dernier repas avant d'arriver à la connaissance suprême. Puisque Soujâtâ m'offre ce lait au miel dans un vase d'or, le moment est venu pour moi d'être un Bouddha. »

Puis il demanda à la jeune fille :

« Ma sœur, que faut-il faire de ce vase d'or ?

— Il est à toi, répondit-elle.

— Je n'ai pas besoin d'un pareil vase, reprit-il.

— Fais-en donc ce que tu voudras, dit Soujâtâ. Je serais bien vile, si je donnais la nourriture sans donner le vase. »

Il sortit, tenant le vase d'or, et il alla au bord de la rivière. Il se baigna ; il mangea. Quand le vase fut vide, il le jeta dans l'eau, et il dit :

« Si je dois devenir Bouddha aujourd'hui même, que ce vase remonte la rivière ; sinon, qu'il la descende. »

Le vase gagna le milieu de la rivière, et là il remonta le courant avec une extrême rapidité. Il disparut dans un tourbillon, et l'on entendit le son harmonieux qu'il rendit quand il heurta, au monde souterrain, les vases où avaient mangé les Bouddhas d'autrefois.

Le héros se promena le long de la rivière. Il vit venir le soir. Les fleurs se fermaient ; les parfums les plus doux montaient des champs et des jardins ; les oiseaux avaient des chansons tranquilles.

C'est alors que le héros marcha vers l'arbre de la science.

La route était sablée d'or ; des palmiers précieux, couverts de pierreries, la bordaient. Il longea un étang dont les eaux bienheureuses répandaient les plus aimables senteurs ; des lotus blancs, des lotus jaunes, des lotus bleus, des lotus rouges s'y épanouissaient, et des cygnes mélodieux y chantaient des chansons pures. Près de l'étang, sous les palmiers, dansaient des Apsaras. Les Dieux, dans le ciel, admiraient le héros.

Il approchait de l'arbre. Il vit, près de la route, le faucheur Svastika :

« Ces herbes que tu fauches sont tendres, Svastika. Donne-moi des herbes ; j'en couvrirai le siège où je vais m'asseoir pour acquérir la science. Les herbes que tu fauches sont vertes, Svastika. Donne-moi des herbes ; et, toi-même, plus tard, tu connaîtras la loi, car je te l'enseignerai, et tu pourras l'enseigner aux autres. »

Le faucheur donna au Saint huit poignées d'herbe.

L'arbre de la science était là. Le héros le salua sept fois ; il se tint à l'orient. Il jeta sur le sol les poignées d'herbe, et voici qu'apparut un large siège ; comme un tapis, l'herbe légère le couvrait.

Le héros s'assit, le buste droit, le visage vers l'orient. Il dit d'une voix ferme :

« Dût ma peau se dessécher, dût ma chair se flétrir, dussent mes os se dissoudre, tant que je n'aurai pas pénétré la science suprême, je ne bougerai pas de ce siège. »

Il croisa les jambes.

XIX

La lumière qu'émettait le corps du héros rayonnait jusqu'à l'empire de Mâra, le Malin. Mâra en fut tout ébloui, et il lui sembla qu'une voix disait :

« Maintenant le héros qui a abandonné la royauté, le fils de Çouddhodana, est assis sous l'arbre de la science. Il concentre tout son esprit, il tente l'effort suprême, et bientôt il apportera aux créatures le secours dont elles ont besoin. Par la voie où il aura passé passeront les autres. Délivré, il délivrera les autres. Apaisé, il apaisera les autres. Il entrera dans le nirvâna, et il y fera entrer les autres. Il obtiendra la sagesse et le bonheur et il les donnera aux autres. Par lui, la ville des Dieux sera pleine ; par lui, la ville du Malin sera vide. Et toi, Mâra, chef sans armée, roi sans sujets, tu ne sauras où te réfugier. »

Mâra fut agité d'une grande inquiétude. Il voulut dormir, et son sommeil fut troublé de songes terribles. Il s'éveilla. Il appela ses serviteurs et ses soldats. À son aspect, tous furent effrayés, et Sârthavâha, un de ses fils, lui demanda :

« Pourquoi, père, as-tu le visage triste ? Pourquoi es-tu pâle ; Pourquoi ton cœur bat-il si vite ? Pourquoi tes membres tremblent-ils ? Qu'as-tu entendu ? Qu'as-tu vu ? Parle.

— Fils, répondit Mâra, le temps n'est plus pour moi d'être orgueilleux. J'ai entendu une voix qui chantait dans la lumière, et elle m'annonçait que le fils des Çâkyas est assis sous l'arbre de la science. J'ai eu des songes effroyables. Ma demeure était enveloppée d'une poussière ténébreuse. Mes jardins n'avaient plus ni feuilles ni fleurs ni fruits. Mes étangs étaient desséchés et mes cygnes et mes paons avaient les ailes coupées. Et moi, je me sentais seul parmi ces objets de misère. Tous, vous m'abandonniez. Ma reine, comme si le remords la tourmentait, se frappait la tête et s'arrachait les cheveux. Mes filles criaient de douleur, et vous, mes fils, vous vous incliniez devant l'homme qui médite sous l'arbre de la science ! Je voulus combattre mon ennemi ; mais je fis de vains efforts pour sortir mon épée du fourreau. Tous mes sujets s'enfuirent avec horreur. D'immenses ténèbres s'étendirent autour de moi, et j'entendis ma demeure qui s'écroulait. »

Sârthavâha reprit :

« Père, il est triste d'être vaincu dans la bataille. Si tu as vu de pareils signes, patiente, et ne cours pas à une honteuse défaite. »

Mais Mâra, à se voir entouré de troupes nombreuses, avait retrouvé quelque courage. Il dit à son fils :

« Pour l'homme énergique, l'issue de la bataille ne peut être qu'heureuse. Je suis brave, vous êtes braves, nous vaincrons. Comment cet homme serait-il si fort ? Il est seul. Je marcherai contre lui avec une grande armée, et c'est au pied même de l'arbre que je le frapperai.

— Le nombre ne fait pas la force d'une armée, dit Sârthavâha. Un seul héros, si la sagesse fait sa puissance, peut vaincre une troupe innombrable. Le soleil suffit à rendre obscurs tous les vers luisants. »

Mâra n'écoutait plus son fils. Il ordonnait que l'armée se mit promptement en marche ; et cependant Sârthavâha pensait :

« Celui qui est fou d'orgueil, nul ne peut le guérir. »

L'armée de Mâra était terrible à regarder. Elle était toute hérissée de piques, de flèches et d'épées ; on y voyait d'énormes haches et de lourdes massues. Les soldats avaient des figures effroyables. Ils étaient noirs, bleus, jaunes, rouges. Leurs yeux lançaient des flammes lugubres ; leurs bouches vomissaient des flots de sang. Certains avaient des oreilles de bouc, d'autres des oreilles de porc, d'autres des oreilles d'éléphant. Quelques-uns avaient le corps en forme de cruche. Celui-ci avait les pattes d'un tigre, le dos d'un chameau et la tête d'un âne ; celui-là avait la crinière d'un lion, la corne d'un rhinocéros et la queue d'un singe. Les êtres à deux, quatre et cinq têtes ne manquaient pas, ceux à dix, douze et vingt bras non plus. Ils portaient d'horribles parures : des doigts d'homme dont la chair était toute sèche, des mâchoires, des crânes. Ils allaient, secouant leurs chevelures, avec des rires féroces et des cris affreux :

« Je puis lancer cent flèches à la fois ; je prendrai le corps du moine ! — Moi, je pénétrerai en lui, et je le brûlerai ! — Ma main broierait le soleil, la lune et les étoiles : que sera-ce pour elle d'écraser l'homme, avec son arbre ? — Mes yeux sont pleins de poison : ils dessécheraient la mer ; je le regarderai, et il ne sera plus que cendres. »

Sârthavâha se tenait à l'écart ; quelques amis s'étaient groupés autour de lui, et ils disaient :

« Malheureux ! Vous le croyez fou, parce qu'il médite ; vous le croyez lâche, parce qu'il est calme. C'est vous qui êtes insensés, c'est vous qui êtes sans courage. Vous ne connaissez pas sa puissance ; par la force de la sagesse, il vous vaincra tous. Quand vous seriez aussi nombreux que les grains de sable de la Gangâ, vous ne feriez pas remuer un seul de ses cheveux, et vous vous croyez capables de le tuer ! Ah, ne cherchez pas à lui nuire ; inclinez-vous devant lui avec respect ; retirez-vous sans avoir combattu. Son règne arrive. Dans les forêts, les chacals hurlent, quand le lion est absent ; mais, dès que le lion rugit, les chacals fuient, épouvantés. Ignorants, ignorants ! Vous criez d'orgueil, le maître se tait ; mais vous disparaîtrez, dès que parlera le lion des hommes. »

L'armée n'eut que du mépris pour les sages paroles de Sârthavâha et de ses amis. Elle continua sa route.

Avant d'attaquer le héros, Mâra voulut l'effrayer. Il suscita contre lui la colère des vents. De l'horizon, accoururent des tempêtes farouches. Elles déracinaient les arbres, elles dévastaient les villages, elles ébranlaient les montagnes. Et le héros resta immobile ; pas un pli de sa robe ne bougea.

Le Malin appela les pluies. Elles tombèrent, formidables. La terre fut déchirée, et des villes furent englouties. Le héros resta immobile ; pas un fil de sa robe ne fut mouillé.

Le Malin forma des rocs brûlants, et il les lança contre le héros. Les rocs traversaient l'air, mais, en approchant de l'arbre, ils changeaient de nature : ce n'étaient pas des rocs, mais des fleurs qui tombaient.

Mâra alors ordonna à ses troupes de jeter des flèches à son ennemi. Les flèches, aussi, devinrent des fleurs. L'armée se rua contre le héros ; mais la lumière qui émanait de lui le protégeait comme un bouclier ; les épées s'y brisaient, les haches s'y ébréchaient, et, si une arme tombait à terre, elle se changeait aussitôt en fleur.

Et, tout à coup, pris de terreur à la vue des prodiges, les soldats du Malin s'enfuirent.

Et Mâra se tordit les bras de douleur, et il s'écria :

« Qu'ai-je donc fait, pour que cet homme me vainque ? Ceux-là sont nombreux pourtant dont j'ai exaucé les désirs ! Souvent, j'ai été bon et libéral ! Ces lâches, qui fuient, pourraient en témoigner. »

Ceux de la troupe de Mâra qui n'étaient pas trop loin pour l'entendre répondirent :

« Oui, oui, tu as été bon et libéral. Nous en témoignons !

— Et lui, quelle preuve a-t-il donné de sa libéralité ? reprit Mâra. Quels sacrifices a-t-il accomplis ? Qui témoignerait de sa bonté ? »

Alors une voix sortit de la terre :

« Moi, je témoignerai de sa libéralité. »

Mâra resta muet d'étonnement. La voix continua :

« Oui, moi, la Terre, moi, la mère des êtres, je témoignerai de sa libéralité. Cent fois, mille fois, au cours des existences antérieures, pour d'autres il a donné ses mains, il a donné ses yeux, il a donné sa tête, il a donné tout son corps. Au cours de cette existence-ci, qui sera la dernière, il abolira la vieillesse, la maladie et la mort. Comme en force, il t'a vaincu, Mâra, en libéralité. »

Et le Malin vit une femme très belle sortir de terre à mi-corps. Elle inclina la tête devant le héros, joignit les mains, et dit :

« Ô le plus pur des hommes, je témoigne de ta libéralité. »

Puis elle disparut.

Et Mâra, le Malin, pleura d'avoir été vaincu.

XX

Quand s'enfuit l'armée du Malin, le soleil atteignait l'horizon. Rien n'avait troublé la méditation du héros, et, pendant la première veille de la nuit, il parvint à la connaissance de tout ce qui s'était passé dans les existences antérieures. Pendant la seconde veille, il connut l'état présent de toutes les créatures. Pendant la troisième, il comprit les causes et les effets.

D'un œil pur, il voyait maintenant les êtres toujours renaissants ; de bonne ou de mauvaise caste, qu'ils fussent dans la bonne ou la mauvaise voie, ils allaient par les existences, au gré de leurs œuvres. Et le héros pensait :

« Qu'il est misérable, ce monde qui naît, vieillit et meurt, puis renaît pour vieillir et pour mourir encore ! Et l'on ne connaît pas le moyen d'en sortir ! »

Et, dans un grand recueillement, il se dit :

« Quelle est la cause de la vieillesse et de la mort ? C'est parce qu'il y a naissance qu'il y a vieillesse et mort. La vieillesse et la mort ont pour cause la naissance. Quelle est la cause de la naissance ? C'est parce qu'il y a existence qu'il y a naissance. La naissance a pour cause l'existence. Quelle est la cause de l'existence ? C'est parce qu'il y attachement qu'il y a existence. L'existence a pour cause l'attachement. Quelle est la cause de l'attachement ? C'est parce qu'il y a désir qu'il y a attachement. L'attachement a pour cause le désir. Quelle est la cause du désir ? C'est parce qu'il y a sensation qu'il y a désir. Le désir a pour cause la sensation. Quelle est la cause de la sensation ? C'est parce qu'il y a contact qu'il y a sensation. La sensation a pour cause le contact. Quelle est la cause du contact ? C'est parce qu'il y a six sens qu'il y a contact. Le contact a pour cause les six sens. Quelle est la cause des six sens ? C'est parce qu'il y a nom et forme qu'il y a six sens. Les six sens ont pour cause le nom et la forme. Quelle est la cause du nom et de la forme ? C'est parce qu'il y a connaissance qu'il y a nom et forme. Le nom et la forme ont pour cause la connaissance. Quelle est la cause de la connaissance ? C'est parce qu'il y a impression qu'il y a connaissance. La connaissance a pour cause l'impression. Quelle est la cause de l'impression ? C'est parce qu'il y a ignorance qu'il y a impression. L'impression a pour cause l'ignorance. »

Il réfléchit encore.

« Donc, à l'origine de la mort, de la vieillesse, de la douleur, du désespoir il y a l'ignorance. Qu'on supprime l'ignorance, on supprime l'impression. Qu'on supprime l'impression, on supprime la connaissance. Qu'on supprime la connaissance, on supprime le nom et la forme. Qu'on supprime le nom et la forme, on supprime les six sens. Qu'on supprime les six sens, on supprime le contact. Qu'on supprime le contact, on supprime la sensation. Qu'on supprime la sensation, on supprime le désir. Qu'on supprime le désir, on supprime l'attachement. Qu'on supprime l'attachement, on supprime l'existence. Qu'on supprime l'existence, on supprime la naissance. Qu'on supprime la naissance, on supprime la vieillesse et la mort. Toute existence est douleur. Le désir mène de naissance en naissance, de douleur en douleur. En tuant le désir, on empêche la naissance, on empêche la douleur. Par une vie pure, on tue le désir, et l'on ne subit plus ni naissance ni douleur. »

Quand vint l'aurore, le meilleur des hommes était un Bouddha. Il s'écria :

« J'ai eu d'innombrables naissances. Je cherchais, toujours vainement, le constructeur de la maison. Ah, qu'il est douloureux de renaître sans cesse ! Ô constructeur de la maison, voici que tu es découvert. Tu ne construis plus de maison. Les liens sont brisés qui rattachaient tes côtes. La vieille clôture est rompue ; l'antique montagne s'effondre ; l'esprit touche le nirvâna ; la naissance n'est plus, car le désir n'est plus. »

La terre trembla douze fois ; le monde semblait une grande fleur. Les Dieux chantaient :

« Il a paru, celui qui éclaire le monde ; il a paru, celui qui protège le monde ; l'œil, longtemps aveuglé, du monde s'est ouvert, et l'œil du monde s'est enivré de lumière. Ô vainqueur, tu rassasieras les créatures. Guidés par la lueur sublime de la loi, les êtres atteindront la rive salutaire. Tu tiens la lampe ; va dissiper les ténèbres ! »

LA VIE DU BOUDDHA

DEUXIÈME PARTIE

I

Le Bouddha ne bougeait pas. Il resta sous l'arbre, les jambes croisées. Il goûtait le bonheur d'avoir atteint la science parfaite. Il pensait : « Je suis délivré. » Toute une semaine, il fut immobile sous l'arbre de la science.

La seconde semaine, il fit une longue promenade ; il parcourut tous les mondes.

La troisième semaine, il demeura de nouveau sous l'arbre de la science, et, pas une fois, ses yeux ne clignèrent.

La quatrième semaine, il fit une courte promenade de la mer d'orient à la mer d'occident.

C'est alors que Mâra, qui ne pouvait pas se consoler de sa défaite, vint à la rencontre du Bouddha, et lui adressa des paroles perfides :

« Bienheureux, tu connais le chemin de la délivrance. Que tardes-tu ? Souffle la lampe ; que la flamme s'éteigne. Entre dans le nirvâna, Bienheureux ; le temps est venu. »

Mais le Bienheureux répondit au Malin :

« Non, Mâra, non, je n'éteindrai pas encore la flamme, je n'entrerai pas encore dans le nirvâna. Il faut que je gagne à ma loi des disciples nombreux, qui, à leur tour, lui gagneront d'autres disciples. Il faut que, par des paroles et par des actes, je réduise au silence mes adversaires. Non, Mâra, je n'entrerai pas dans le nirvâna tant que le Bouddha ne sera pas célébré par le monde, tant que ne sera pas reconnu le bienfait de sa loi. »

Mâra dut s'en aller, tout confus. Il lui semblait entendre des voix divines, qui disaient, par raillerie :

« Tu es vaincu, Mâra, et tu restes rêveur, comme un vieux héron. Tu es sans force, Mâra, tel un vieil éléphant embourbé dans un marais. Tu te croyais un héros, et tu es plus faible qu'un malade abandonné dans une forêt. À quoi t'ont servi tes paroles insolentes ? Elles étaient plus vaines que des bavardages de corneilles. »

D'un morceau de bois mort, il traçait des figures sur le sable. Ses trois filles, Rati, Arati et Trishnâ l'aperçurent. Elles voulurent savoir la raison de son chagrin :

« Pourquoi es-tu si triste, père ? demanda Rati.

— Je suis vaincu par un homme pur, répondit Mâra. La force ni la ruse ne peuvent rien contre lui.

— Père, dit Trishnâ, nous sommes belles, et nous savons les moyens de charmer.

— Nous irons vers cet homme, continua Arati ; nous l'enchaînerons des chaînes de l'amour, et nous te l'amènerons humble et lâche. »

Elles allèrent vers le Bouddha. Elles chantaient :

« Le printemps est venu, ami ; c'est la plus belle des saisons. Les arbres sont en fleurs ; il faut nous réjouir. Tes yeux sont beaux ; il s'en échappe une lumière gracieuse ; tu as les signes souverains de la puissance. Regarde-nous : nous sommes faites pour donner le bonheur et la joie aux hommes comme aux Dieux. Lève-toi ; viens à nous, ami ; jouis de la claire jeunesse ; chasse de ta raison les austères pensées. Vois nos chevelures légères ; les fleurs en parfument la soie ; vois nos grands yeux où dort la douceur de l'amour ; vois nos lèvres chaudes, pareilles aux fruits qu'a mûris le soleil ; vois nos seins fermes qui se dressent fièrement. Nous glissons ainsi que les cygnes ; nous chantons d'aimables chansons, et nous savons danser des danses qui enivrent. Ami, ne nous dédaigne pas ; qui rejette un trésor est fou ; regarde-nous, seigneur, nous sommes tes esclaves. »

Mais le Bienheureux fut insensible à la chanson ; il lança aux chanteuses un regard sévère, et les jeunes filles ne furent plus que des vieilles décrépites.

Désolées, elles revinrent près de leur père.

« Père, s'écria Rati, vois ce qu'il a fait de notre jeunesse et de notre beauté.

— Certes, dit Trishna, l'amour ne le blessera jamais, lui que n'a pas touché notre grâce.

— Ah, soupira Arati, comme il nous a cruellement punies.

— Père, implorait Trishnâ, guéris-nous de cette vieillesse subite.

— Rends-nous notre jeunesse, criait Rati.

— Rends-nous notre beauté, criait Arati.

— Pauvres filles, répondit Mâra, je vous regarde avec douleur. Oui, il a vaincu l'amour ; il est hors de mon empire, et je suis triste. Vous me suppliez de vous rendre la jeunesse et la beauté ! Le puis-je ? Seul, le Bouddha peut détruire ce qu'a fait le Bouddha. Retournez vers lui ; avouez que vous fûtes coupables ; dites que vous vous repentez, et peut-être vous rendra-t-il les charmes d'autrefois. »

Elles implorèrent le Bouddha.

« Bienheureux, disaient-elles, pardonne-nous notre faute. Nos yeux étaient fermés à la lumière, nous étions folles. Pardonne-nous !

— Oui, vous étiez folles, répondit le Bienheureux ; vous vouliez creuser la montagne avec les ongles, vous vouliez ronger le fer avec les dents. Mais vous reconnaissez votre faute ; c'est, déjà, de la sagesse. Soyez donc pardonnées, ô jeunes filles. »

Et les trois filles du Malin s'éloignèrent, plus belles encore qu'elles n'étaient avant leur aventure.

La cinquième semaine, le Bienheureux resta sous l'arbre. Mais, tout à coup, il souffla un vent froid, il tomba une pluie glaciale. Alors Moucilinda, le roi des serpents, se dit : « Il ne faut pas que le Bienheureux souffre de la pluie ni du froid. » Il sortit de sa demeure. De ses anneaux, il entoura sept fois le Bouddha, et il l'abrita de sa crête ; le Bouddha put ainsi passer sans souffrance aucune les jours de mauvais temps.

La sixième semaine, il alla près d'un figuier où, souvent, se réunissaient des chevriers. Là, des dieux l'attendaient, qui le saluèrent humblement. Et il dit :

« La mansuétude est douce à qui connaît la loi ; la bienveillance est douce à qui sait voir ; la mansuétude est douce envers les créatures ; la bienveillance est douce envers les créatures. Bienheureux qui n'a plus de désirs dans le monde ; bienheureux qui a su vaincre tous les péchés ; bienheureux qui échappe à la douleur des sens ; bienheureux qui n'a plus la soif de l'existence ! »

La septième semaine, il demeura sous l'arbre de la science.

Or, deux frères, Trapousha et Bhallika, s'en revenaient vers les pays du nord. Tous deux étaient marchands ; ils étaient suivis de cinq cents chariots. Comme ils approchaient de l'arbre, ils virent que les chariots s'arrêtaient ; on avait beau encourager de la voix ou piquer de l'aiguillon les bêtes qui les traînaient, elles ne pouvaient faire un pas. Les roues s'enfonçaient jusqu'au moyeu. Trapousha et Bhallika s'effrayèrent. Mais un Dieu leur apparut, qui les rassura et leur dit :

« Faites quelques pas, ô marchands, et vous verrez celui à qui vous devez rendre hommage. »

Trapousha et Bhallika aperçurent le Bienheureux. Sa face brillait. Ils se demandèrent :

« Est-ce le Dieu d'un fleuve ? Le Dieu de la montagne ? Est-ce Brahmâ lui-même ? »

Mais, à examiner ses vêtements, ils pensèrent :

« C'est quelque moine, sans doute ; et peut-être a-t-il besoin de nourriture ? »

Trapousha et Bhallika allèrent au chariot des vivres ; ils y trouvèrent des gâteaux de farine et de miel, et ils vinrent les offrir au Bouddha.

« Prends, saint homme, dirent-ils ; prends et sois-nous bienveillant. »

Or, le Bienheureux n'avait pas de vase où recevoir les aumônes. Il était fort embarrassé. Les Dieux qui veillent aux points cardinaux virent son embarras, et ils accoururent avec des vases d'or. Mais le Bienheureux se dit :

« Vraiment, il messiérait à un moine de recevoir des aumônes dans un vase d'or. »

Et il refusa les vases d'or. Les Dieux lui apportèrent alors des vases d'argent, qu'il refusa aussi. Il refusa encore des vases d'émeraude, et il n'accepta que des vases de pierre.

Il reçut alors les gâteaux que lui offraient les marchands. Il mangea. Puis il parla :

« Marchands, que la bénédiction des Dieux soit avec vous ! Prospérez et soyez heureux ! »

Trapousha et Bhallika s'inclinèrent. Et ils entendirent un Dieu qui leur disait :

« Celui que vous voyez a acquis la science suprême ; depuis qu'il a découvert la voie de la délivrance, il vient de prendre son premier repas ; il vous était réservé de le lui offrir. Maintenant, il ira par le monde, enseignant la bonne loi. »

Trapousha et Bhallika se sentirent très joyeux ; et, les premiers parmi les hommes, ils confessèrent la foi en le Bouddha et en la loi.

II

Le Bouddha en vint à se demander comment il propagerait la science ; et il songea :

« J'ai découvert une vérité profonde ; elle était difficile à voir ; elle sera difficile à comprendre : seuls, les sages y réussiront. Dans le tourbillon du monde s'agitent les hommes, les hommes se plaisent dans le tourbillon du monde. Comment comprendront-ils la suite des effets et des causes ? Comment comprendront-ils la loi ? Ils ne parviendront pas à tuer en eux le désir ; ils ne se détacheront pas des plaisirs de la terre ; ils n'entreront pas dans le nirvâna. Je prêcherai la doctrine, on ne me comprendra pas : m'écoutera-t-on, même ? À quoi bon révéler aux hommes la vérité que j'ai conquise par de rudes combats ? La vérité reste cachée à ceux que dominent le désir et la haine. La vérité est pénible à atteindre ; elle est mystérieuse. L'esprit grossier ne la saisit point. Celui-là ne peut pas la voir qui est en proie aux désirs terrestres, celui-là dont l'esprit erre dans les ténèbres. »

Le Bienheureux inclinait à ne pas prêcher la doctrine.

Alors Brahmâ sut, par la force de sa pensée, quels étaient les doutes du Bienheureux. Il s'effraya : « Le monde est perdu, se disait-il, le monde périra, si l'être parfait, l'être saint, le Bouddha reste en repos, et ne va pas parmi les hommes, prêchant la doctrine et propageant la science. »

Et il quitta le ciel. Il mit à gagner la terre le même temps qu'un homme fort met à tendre ou à ployer le bras, et il se trouva devant le Bienheureux. En signe de vénération, il découvrit une de ses épaules, il s'agenouilla, il haussa vers le Bienheureux ses mains unies, et il parla :

« Daigne, ô Maître, enseigner la science, daigne, ô Bienheureux, enseigner la science. Il est des êtres purs ; la boue terrestre ne les a pas souillés ; mais, si la science ne leur est pas enseignée, comment feront-ils leur salut ? Ceux-là, il faut qu'ils soient sauvés : sauve-les ! Ils t'écouteront, ils seront tes disciples. »

Ainsi parlait Brahmâ. Le Bienheureux gardait le silence. Brahmâ reprit :

« Jusqu'ici une loi mauvaise a régné sur la terre. Elle induit les hommes à pécher. C'est à toi qu'il appartient de l'abolir. Ô sage, ouvre-nous la porte de l'éternité ; dis-nous ce que tu as découvert, ô sauveur ! Tu es celui qui a gravi la montagne ; tu es debout, sur la cime rocheuse, et tu contemples, au loin, tout le peuple des hommes. Daigne avoir pitié, ô sauveur ; regarde les races misérables, et qui souffrent la dure nécessité de la naissance et de la vieillesse. Marche, héros victorieux, marche ! Va par le monde, sois le guide, sois la lumière. Parle, enseigne : ils seront nombreux, ceux qui comprendront ta parole. »

Et le Bienheureux répondit :

« Profonde, en vérité, est la loi que j'ai établie ; elle est subtile, elle est difficile à comprendre, elle échappe au raisonnement vulgaire. Le monde la raillera ; seuls, quelques sages, peut-être, en pénétreront le sens, et résoudront de s'y soumettre. Si je me mets en route, si je parle à qui ne m'entend pas, je risque la pire défaite. Je resterai ici, Brahmâ ; les hommes sont le jeu de l'ignorance. »

Mais Brahmâ parla encore :

« Tu as atteint la sagesse sublime, tes rayons ont illuminé l'espace, et tu restes indifférent, ô soleil ! Non, cette conduite est indigne de toi ; ton silence est coupable ; il faut que tu le rompes. Lève-toi ! Bats le tambour, sonne le gong, allume le grand flambeau de la loi ! Que, pluie rafraîchissante, la loi abreuve la terre ; délivre ceux que le mal tourmente, calme ceux que brûle un feu corrupteur !

Toi seul, astre parmi les hommes, toi seul peux supprimer la naissance et la mort. Et, tu le vois, je suis à tes pieds, qui t'implore ; et tous les Dieux t'implorent avec moi ! »

Alors le Bienheureux pensa :

« Dans un étang, parmi les lotus, bleus ou blancs, qui fleurissent, il en est qui restent sous les eaux ; d'autres montent jusqu'à la surface ; d'autres enfin émergent et s'élèvent si haut que leurs corolles ne sont pas même mouillées. Et voici que, dans le monde, j'aperçois des êtres purs et des êtres impurs ; les uns sont vifs d'esprit et les autres sont lents ; les uns sont nobles, les autres vils ; les uns me comprendront, les autres ne me comprendront pas ; j'aurai pitié de tous. Je regarderai le lotus qui s'ouvre sous les eaux, comme le lotus dont émerge la fleur splendide. »

Et il dit à Brahmâ :

« Que s'ouvre à tous la porte de l'éternité ! Que celui qui a des oreilles entende la parole et croie ! Je songeais à mes fatigues futures, et je craignais qu'elles ne fussent vaines. Mais la pitié l'emporte. Je me lève, ô Brahmâ, et je dirai la loi aux créatures. »

III

Le Bienheureux se demandait qui, parmi les hommes, serait digne d'entendre, le premier, la parole de salut.

« Quel est, se disait-il, quel est l'homme pur, intelligent, actif, à qui je pourrai d'abord enseigner la loi ? Il faut qu'il n'ait pas de haine, qu'il n'ait point l'esprit troublé, et qu'il ne veuille point garder la science comme un impénétrable secret. »

Il songea que Roudraka, fils de Râma, s'efforçait de mener une vie pure, ignorait la haine et n'était pas homme à faire un secret de la science. Il résolut de lui enseigner la loi. Il eut cette pensée : « Où est Roudraka, maintenant ? » Et il connut alors que Roudraka, fils de Râma, était mort depuis sept jours. Et il se dit :

« C'est grand dommage, vraiment, que Roudraka, fils de Râma, soit mort sans avoir entendu la loi. Il l'eût comprise et il l'eût enseignée à son tour. »

Il songea qu'Arâta Kâlâma tendait à la pureté de la vie, avait l'intelligence claire, et aurait plaisir à propager la science acquise. Et il eut cette pensée : « Où est Arâta Kâlâma, maintenant ? » Mais il connut qu'Arâta Kâlâma était mort depuis trois jours. Et il se dit :

« Arâta Kâlâma, sans doute, a beaucoup perdu d'être mort avant d'avoir entendu la loi. »

Il réfléchit encore, et il se rappela que jadis cinq disciples de Roudraka s'étaient attachés à lui. Ils étaient purs, ils étaient actifs, et ils comprendraient certainement la loi. Le Bienheureux connut, par la pensée, que les cinq disciples de

Roudraka vivaient à Bénarès, dans le Parc aux gazelles. Et il marcha vers Bénarès.

Au mont Gaya, il rencontra un moine nommé Oupaka. À l'aspect du Bienheureux, Oupaka ne put retenir un cri d'admiration.

« Que tu es beau, dit-il, que le teint de ton visage est éclatant ! Un fruit mûr est moins brillant que toi, et tu sembles un clair automne. Puis-je te demander, seigneur, qui fut ton maître ?

— Je n'ai pas eu de maître, répondit le Bienheureux. Aucun être n'est pareil à moi ; seul, je suis sage, calme, incorruptible.

— Tu es donc un grand maître ! reprit Oupaka.

— Oui, je suis le seul maître en ce monde, et, parmi les Dieux ni les hommes, je n'ai point de semblable.

— Où vas-tu ? demanda encore Oupaka.

— J'irai à Bénarès, dit le Bienheureux, et là j'allumerai la lumière qui éclairera le monde, la lumière qui éblouira les yeux même des aveugles. J'irai à Bénarès, et là je battrai le tambour qui éveillera les êtres, le tambour qui frappera les oreilles même des sourds. J'irai à Bénarès, et là j'enseignerai la loi. »

Il continua sa route, et il arriva sur le bord de la Gangâ. La rivière était très haute, et le Bienheureux chercha un batelier qui le passât. Il en vit un et lui dit :

« Veux-tu, ami, me faire traverser la rivière ?

— Je veux bien, répondit le batelier ; mais donne-moi d'abord le prix du passage.

— Je n'ai pas de quoi payer, » reprit le Bienheureux. Et aussitôt, par les airs, il vola vers l'autre rive.

Le batelier fut tout triste. Il s'écriait : « Je n'ai pas fait passer la rivière à un homme aussi vénérable ! Malheur ! malheur ! » Et il se roulait à terre, misérablement.

IV

Le Bienheureux entra dans la grande ville de Bénarès. Il la parcourut en demandant l'aumône, il mangea ce qu'on lui avait donné, puis il alla vers le Parc aux gazelles, où il savait trouver les cinq anciens disciples de Roudraka.

Les cinq l'aperçurent de loin ; ils crurent le reconnaître, et ils se dirent :

« Celui qui vient à nous, là-bas, ne le connaissons-nous pas depuis longtemps ? C'est l'homme qui nous étonna, jadis, par ses austérités, et qui, un jour, se relâcha de la rude discipline à laquelle il s'était soumis. Si, quand il se mortifiait, il n'a pas atteint la science suprême, que vaut sa pensée, aujourd'hui que sa conduite est celle d'un gourmand et d'un lâche ? Nous n'irons pas au-devant de lui ; nous ne nous lèverons pas en sa présence ; nous ne le débarrasserons pas de son manteau ni de son vase à aumônes ; nous ne lui offrirons aucun siège. « Nous n'avons ici, lui dirons-nous, que les sièges que nous occupons. » Nous ne lui donnerons ni à boire ni à manger. »

Ainsi résolurent-ils. Mais le Bienheureux ne s'était pas arrêté, et, plus il approchait, moins les cinq se trouvaient à l'aise sur leurs sièges. Ils se sentaient pris d'un grand désir de se lever. Que, sous une cage pleine d'oiseaux, on allume du feu, et les oiseaux ne chercheront qu'à s'envoler. Les cinq étaient pareils à des oiseaux tourmentés par le feu. Ils s'agitaient. Ils semblaient malades. Enfin, ils manquèrent à leur convention. Tous, à la fois, se levèrent ; ils coururent vers le Bienheureux, ils le saluèrent. L'un prit son vase à aumônes, l'autre son manteau ; on lui présenta un siège. On lui apporta de l'eau pour laver ses pieds. Et tous n'avaient qu'un cri :

« Sois le bienvenu, ami, sois le bienvenu et assieds-toi parmi nous. »

Quand le Bienheureux se fut assis et qu'il se fut lavé les pieds, il dit aux cinq ascètes :

« Ne me nommez pas ami, ô moines. Je suis le Saint, le Parfait, le suprême Bouddha. Ouvrez l'oreille, ô moines ; la voie est trouvée qui mène à la délivrance. Je vous montrerai la voie, je vous enseignerai la loi. Si vous m'écoutez, vous saurez la vérité sainte. »

Mais les cinq lui répondirent :

« Si tu n'as pu jadis, par tes pratiques austères, arriver à la science parfaite, comment l'atteindras-tu, maintenant que tu vis dans l'abondance ?

— Moines, reprit le Bienheureux, je ne vis pas dans l'abondance, je n'ai renoncé à nul des biens où j'aspirais. Je suis le Saint, le Parfait, le suprême Bouddha. Ouvrez l'oreille, ô moines ; la voie est trouvée qui mène à la délivrance. Je vous montrerai la voie, je vous enseignerai la loi. Si vous m'écoutez, vous saurez la vérité sainte. »

Il ajouta : « Reconnaissez-vous, moines, que jamais encore je ne vous ai parlé ainsi ?

— Nous le reconnaissons, Maître.

— Je vous le dis : je suis le Saint, le Parfait, le suprême Bouddha. Ouvrez l'oreille, ô moines ; la voie est trouvée qui mène à la délivrance. Écoutez-moi. »

Les cinq moines écoutèrent le Bienheureux, et il parla.

« Il y a deux extrêmes dont il faut que s'éloigne l'homme qui mène la vie de l'intelligence. Les uns s'adonnent aux plaisirs ; ils vivent parmi les fêtes et ne cherchent que la jouissance : ces êtres-là sont vils ; leur conduite est ignoble et vaine ; elle est indigne de qui veut arriver à l'intelligence. Les autres s'adonnent aux mortifications ; il n'est rien dont ils ne se privent ; leur conduite est triste et vaine ; elle est indigne de qui veut arriver à l'intelligence. De ces deux extrêmes, ô moines, le Parfait se tient éloigné ; il a découvert la voie du milieu ; en la suivant, on va vers la lumière qui éclaire les yeux et l'esprit, on parvient au repos, à la science, au nirvâna. Cette voie sacrée, ô moines, a huit branches : foi pure, volonté pure, parole pure, action pure, conduite pure, aspiration pure, mémoire pure, méditation pure. Telle est, ô moines, la voie du milieu, la voie que moi, le Parfait, j'ai découverte, la voie qui mène au repos, à la science, au nirvâna. »

Les cinq pour mieux l'entendre retenaient leur respiration. Il se tut un instant, puis il continua :

« Je vous dirai, ô moines, la vérité sur la douleur. Douleur est la naissance, douleur la vieillesse, douleur la maladie, douleur la mort. Vous êtes unis avec ce que vous n'aimez pas : douleur ; vous êtes séparés d'avec ce que vous aimez : douleur ; vous n'obtenez pas l'objet de votre désir : douleur. S'attacher au corps, aux sensations, aux formes, aux impressions, à la connaissance : douleur, douleur, douleur. Je vous dirai, ô moines, la vérité sur l'origine de la douleur. La soif d'exister conduit de renaissance en renaissance ; le plaisir et la convoitise l'accompagnent. La convoitise n'est satisfaite que par la puissance. La soif de puissance, la soif de plaisir, la soif d'existence : voilà, ô moines, l'origine de la douleur. Je vous dirai, ô moines, la vérité sur la suppression de la douleur. Éteignez votre soif par l'anéantissement du désir. Bannissez le désir. Renoncez au désir. Délivrez-vous du désir. Ignorez ce qu'est le désir. Je vous dirai, ô moines, la vérité sur la voie qui mène à l'abolition de la douleur. C'est la voie sacrée, la voie aux huit branches : foi pure, volonté pure, parole pure, action pure, conduite pure, aspiration pure, mémoire pure, méditation pure. Vous connaissez, ô moines, la vérité sainte sur la douleur : personne, avant moi, ne l'avait aperçue ; mes yeux se sont ouverts, et à moi s'est découverte la douleur. La vérité sur la douleur, je l'ai comprise : il faut que vous la compreniez, ô moines. Vous connaissez, ô moines, la vérité sainte sur l'origine de la douleur : personne, avant moi, ne l'avait aperçue ; mes yeux se sont ouverts, et à moi s'est découverte l'origine de la douleur. La vérité sur l'origine de la douleur, je l'ai comprise : il faut que vous la compreniez, ô moines. Vous connaissez, ô moines, la vérité sainte sur la suppression de la douleur : personne, avant moi, ne l'avait aperçue ; mes yeux se sont ouverts, et à moi s'est découverte la suppression de la douleur. La vérité sur la suppression de la douleur, je l'ai comprise : il faut que vous la compreniez, ô moines. Vous connaissez, moines, la vérité sainte sur la voie qui mène à l'abolition de la douleur : personne, avant moi, ne l'avait aperçue ; mes yeux se sont ouverts, et à moi s'est découverte la voie qui mène à l'abolition de la douleur. La vérité sur la voie qui mène à l'abolition de la douleur, je l'ai comprise : il faut que vous la compreniez, ô moines. »

Les cinq écoutaient avec ravissement la parole du Bienheureux. Il leur parla encore :

« Tant que de ces quatre vérités je n'avais pas, ô moines, la connaissance entière, je savais que, dans ce monde, non plus que dans le monde des Dieux, dans le monde de Mâra ni dans le monde de Brahmâ, je savais que parmi les êtres, hommes, Dieux, ascètes ou brahmanes, je savais que je n'étais pas arrivé au rang suprême de Bouddha. Mais, ô moines, depuis que de ces quatre vérités j'ai la connaissance entière, je sais que, dans ce monde, comme dans le monde des Dieux, dans le monde de Mâra et dans le monde de Brahmâ, je sais que parmi les êtres, hommes, Dieux, ascètes, ou brahmanes, je sais que je suis arrivé au rang suprême de Bouddha. Je suis à jamais délivré : je n'aurai plus de naissances nouvelles. »

Ainsi parla le Bienheureux, et les cinq moines, joyeux, l'acclamaient et le glorifiaient.

V

Des cinq moines, Kaundinya, le premier, s'approcha du Bienheureux, et lui dit :

« Je t'ai écouté, ô Maître, et je te suivrai, si tu m'en juges digne.

— M'as-tu compris, Kaundinya ? demanda le Bienheureux.

— Au Bouddha je veux m'attacher d'une foi pure, reprit Kaundinya. À celui qui sait, je veux m'attacher ; à celui qui est saint, qui connaît les mondes, qui dompte les êtres comme on dompte des taureaux, à celui dont les Dieux et les hommes écoutent les leçons, au suprême Bouddha je veux m'attacher. À la loi je veux m'attacher, d'une foi pure. Le Bienheureux l'a exposée, et elle s'est manifestée clairement ; elle mène au salut, et, en eux-mêmes, les sages doivent avouer sa force bienfaisante. Selon tes préceptes, je veux me conduire, selon tes préceptes saints, selon tes préceptes que loueront les sages.

— Tu as compris, Kaundinya, dit le Bienheureux. Approche. La loi est bien prêchée. Vis en sainteté, et mets un terme à la douleur. »

Puis Vâshpa vint au Bouddha confesser la foi qu'il avait en lui ; puis vinrent Bhadrika, Mahânaman et Açvajit. Et, désormais, il y eut six saints dans le monde.

Le Bienheureux était encore dans le Parc aux gazelles qu'un jeune homme nommé Yaças y arriva. Yaças appartenait à une famille riche de Bénarès ; il avait mené, jusqu'alors, la vie mondaine, mais il en comprenait maintenant toute la vanité, et il cherchait le repos sacré des bois. Le Bienheureux vit Yaças, il lui parla, et Yaças se déclara prêt à marcher dans la voie sainte.

Le marchand, père de Yaças, vint trouver son fils dans le Parc aux gazelles. Il voulait le détourner des routes pieuses. Or il entendit le Bouddha, il admira sa parole, et il crut en lui. La mère de Yaças et sa femme reconnurent aussi la vérité de la loi. Mais, tandis que Yaças se joignait aux moines, son père, sa mère, sa femme continuèrent à vivre dans la maison de Bénarès.

Quatre amis de Yaças, Vimala, Soubâhou, Pournajit et Gavâmpati, trouvaient assez ridicule la résolution qu'il avait prise. Ils se dirent :

« Allons dans le Parc aux gazelles. Nous verrons Yaças. Nous le convaincrons de son erreur, et nous le ramènerons parmi nous. »

Au moment où ils entrèrent dans le bois, le Bouddha donnait quelques enseignements à ses disciples.

« Autrefois, contait-il, habitait dans une gorge des montagnes un ascète qui vivait misérablement. Il était vêtu d'écorce, ne buvait que de l'eau et ne mangeait que des fruits sauvages et des racines. Il avait pour seul compagnon un lièvre. Ce lièvre savait parler comme les hommes, et il aimait à causer avec l'ascète. Il profitait de ses leçons et s'efforçait vers la sagesse. Or, vint une année de sécheresse ; les sources de la montagne étaient taries, et il n'y avait plus, aux arbres, ni fleur ni fruit. L'ascète ne trouvait plus à manger ni à boire ; il se déplaisait dans sa retraite, et, un jour, il jeta son vêtement d'écorce. Le lièvre le vit et lui demanda : « Ami, que fais-tu ? — Tu le vois, répondit l'ascète. Je ne veux plus de cet habit. — Eh quoi, reprit le lièvre, vas-tu quitter la gorge de la montagne ? — Oui. J'irai où il y a des hommes. Là, je recevrai des aumônes et je pourrai manger ; et la nourriture qu'on me donnera vaudra mieux que des fruits et des racines. » Ces paroles attristèrent le lièvre ; il était comme un enfant que son père abandonne, et il cria : « Ne t'en va pas, ami ! Ne me laisse pas seul ! Ne sais-tu pas, d'ailleurs, qu'on se perd à habiter dans les villes ? Seule est méritoire la vie solitaire de la forêt. » Mais l'ascète était inébranlable : il avait résolu de partir, il partirait. Le lièvre, alors, lui dit : « Tu veux quitter les montagnes, quitte-les donc ! Pourtant, accorde-moi la grâce d'attendre un jour encore, un seul jour. Reste ici aujourd'hui, demain, tu agiras à ton gré. » L'ascète pensa : « Les lièvres sont habiles à trouver des vivres, et ils en ont souvent des réserves. Demain, sans doute, celui-ci m'apportera quelque nourriture. » Il promit donc de ne partir que le lendemain, et le lièvre s'en alla, tout joyeux. L'ascète était de ceux qui vénèrent Agni, et il veillait à tenir toujours, dans la gorge, un feu allumé. « Faute de manger, se dit-il, je me chaufferai, en attendant le lièvre. » Le lendemain, dès l'aube, le lièvre parut ; il n'apportait aucune nourriture. L'ascète en prit une mine dépitée. Mais voici que le lièvre le salue, et qu'il dit : « Nous autres, animaux, n'avons ni sens ni jugement ; pardonne-moi, grand ascète, si j'ai commis quelque faute envers toi. » Et, d'un bond soudain, il tomba dans le feu. « Que fais-tu ? » s'écria l'ascète, et il s'élança vers le feu ; il en retira le lièvre, qui lui dit : « Je ne veux pas que tu manques au devoir, je ne veux pas que tu quittes ta retraite. Il n'y a plus ici rien qui puisse te nourrir ; j'ai consacré mon corps au feu ; prends-le, ami, nourris-toi de ma chair, et reste dans la gorge de la montagne. » L'ascète, tout ému, répondit : « Je n'irai point vers les villes, et, dussé-je mourir de faim, je resterai ici. » Le lièvre fut tout heureux, il regarda le ciel, et il fit cette prière : « Indra, j'ai toujours vécu dans l'amour de la solitude ; daigne m'entendre, et permets à la pluie de tomber. » Indra entendit la prière du lièvre ; une grande pluie tomba, et, bientôt, l'ascète et son ami eurent, dans la gorge de la montagne, toute la nourriture dont ils avaient besoin. »

Après un court silence, le Bienheureux ajouta :

« En ce temps-là, moines, le lièvre, c'était moi. Quant à l'ascète, c'était un des jeunes hommes qui viennent d'entrer dans le Parc aux gazelles, avec des intentions méchantes. C'était toi, Vimala ! »

Il se leva.

« Comme, au temps où j'étais lièvre dans la gorge de la montagne, je te gardai de suivre les mauvais chemins, Vimala, devenu maintenant le suprême Bouddha, je te montrerai la voie sainte ; tes yeux verront, tes oreilles entendront, et voici que tu rougis déjà d'avoir voulu ravir au salut ton ami le plus cher. »

Vimala était aux pieds du Bienheureux. Il disait sa foi, et il fut reçu parmi les disciples. Soubâhou, Pournajit et Gavâmpati résolurent aussi d'être fidèles à la parole sacrée.

Chaque jour, le nombre des disciples augmentait, et bientôt le maître eut autour de lui soixante moines prêts à propager la science. Il leur dit : « Ô disciples, je suis délivré de toutes les chaînes divines et humaines. Et vous aussi, vous êtes délivrés. Mettez-vous donc en route, ô disciples, et marchez, par pitié du monde, pour le bonheur du monde. C'est à vous que les Dieux et les hommes devront la santé et la joie. Ne soyez jamais deux à suivre le même chemin. Enseignez, ô disciples, la loi glorieuse, la loi glorieuse en son commencement, glorieuse en son milieu, glorieuse en sa fin ; enseignez l'esprit de la loi, enseignez la lettre de la loi ; publiez aux yeux de tous la vie parfaite et pure, la vie de sainteté. Il y a des êtres que ne rend pas aveugles la poussière de la terre ; mais, s'ils n'entendent pas la loi, ils n'arriveront pas au salut. Allez, ô disciples, et enseignez la loi. »

Les disciples se dispersèrent, et le Bienheureux prit la route d'Ourouvilva.

VI

Depuis longtemps déjà le Bienheureux suivait le chemin d'Ourouvilva. Il sentit quelque fatigue ; il aperçut un petit bois, il y entra et s'assit au pied d'un arbre. Il allait s'endormir, quand il vit entrer dans le bois trente jeunes gens. Il les observa.

On devinait, aux gestes inquiets des jeunes gens, à leurs paroles, qu'ils cherchaient quelqu'un. Ils s'adressèrent au Bouddha :

« N'as-tu pas vu passer une femme ? demandèrent-ils.

— Non pas. Qui êtes-vous ?

— Nous sommes des musiciens. Nous allons de ville en ville. Souvent, nous avons joué devant des rois ; ils appréciaient notre mérite. Aujourd'hui, nous menions avec nous, pour nos plaisirs, une fille. Mais, tandis que nous dormions, là-bas, au bord de la route, elle s'est enfuie, et elle nous a volé tout ce qu'elle a pu. C'est elle que nous cherchons.

— Vaut-il mieux, demanda à son tour le Bouddha, vaut-il mieux que vous cherchiez cette femme, ou que vous vous cherchiez vous-mêmes ? »

Les musiciens ne répondirent au Maître que par des rires.

« Joue du luth, » dit-il alors à celui qui riait le plus haut.

Le musicien joua. Il était habile, et l'on comprenait qu'il eût charmé des rois. Quand il eut fini :

« Donne-moi ton luth, » ordonna le Maître.

Il joua. Les musiciens l'écoutaient avec étonnement. Ils ignoraient que, d'un luth, pussent sortir de pareils sons. Le vent se taisait, et, pour mieux entendre, les Déesses du bois quittaient leurs verdoyantes retraites.

Le Bienheureux cessa de jouer.

« Maître, dirent les musiciens, nous nous croyions habiles dans notre art, et nous n'en connaissions pas les premiers éléments. Daigne nous enseigner ce que tu sais.

— Maintenant, répondit le Bienheureux, vous vous doutez que vous n'avez, de la musique, qu'une connaissance grossière. Et pourtant, vous ne cherchiez pas à en acquérir la vraie science. De même, vous croyez vous connaître, et vous n'avez de vous qu'une connaissance grossière. Vous demandez gravement que je vous enseigne ce que vous ignorez de la musique ; mais vous riez quand je vous dis de vous chercher vous-mêmes ! »

Les musiciens ne riaient plus.

« Nous te comprenons, Maître, criaient-ils, nous te comprenons ! Nous nous chercherons nous-mêmes.

— Bien, reprit le Bouddha. De moi vous apprendrez la loi. Puis, comme le roi Padmaka donna son corps à son peuple, pour le sauver, vous donnerez votre intelligence aux hommes, pour les sauver. »

Et aux musiciens attentifs il raconta l'aventure du roi Padmaka :

« Autrefois, dans Bénarès, régnait un roi puissant et juste, nommé Padmaka. Or, tout à coup, une épidémie singulière affligea la ville ; on était frappé d'un mal qui rendait la peau toute jaune, et, même en plein soleil, on grelottait de froid. Le roi prit en pitié ses sujets, et il chercha comment les guérir. Il demanda, l'avis des médecins les plus fameux ; il distribua des remèdes, il alla lui-même soigner les malades. Tout était vain ; l'épidémie ne cessait pas. Padmaka, était très triste. Un jour, un vieux médecin vint le trouver. « Seigneur, je sais un remède qui peut guérir les habitants de Bénarès. — Et lequel ? demanda le roi. — C'est un grand poisson nommé Rohita : qu'on le prenne, qu'on donne aux malades si peu que ce soit de sa chair, et l'épidémie cessera. » Le roi remercia fort le vieux médecin ; il fit chercher dans les mers et dans les fleuves le poisson

Rohita, mais nulle part on ne le découvrit ; et le roi fut plus triste que jamais. Parfois, dans le matin ou dans le soir, il entendait monter vers son palais des voix plaintives : « Nous souffrons, ô roi ; sauve-nous ! » Il pleurait amèrement. Et une heure vint où il pensa : « À quoi bon la richesse, à quoi bon la royauté, à quoi bon la vie ? Je ne puis secourir ceux que tourmente la douleur. » Il fit appeler son fils aîné. « Mon fils, lui dit-il, je t'abandonne mes biens et mon royaume. » Puis il monta sur la terrasse de son palais, il offrit aux Dieux des parfums et des fleurs, et il s'écria : « Je sacrifie avec joie une vie que je juge inutile. Puisse mon sacrifice servir aux pauvres gens que la maladie accable ! Puissé-je, dans le fleuve qui arrose la ville, devenir le poisson Rohita ! » Il se laissa tomber de la terrasse ; et, aussitôt, il apparut dans le fleuve sous la forme du poisson Rohita. On le pêcha ; il vivait encore que déjà l'on découpait ses chairs pour les distribuer aux malades ; mais il ne sentait pas les couteaux, et il pantelait d'amour pour les créatures. Bientôt, l'épidémie cessa dans la ville. Et des voix divines, qui passaient sur Bénarès, chantaient : « C'est Padmaka, le roi pieux, qui vous a délivrés ! Réjouissez-vous ! » Et tous honoraient la mémoire de Padmaka. »

Les musiciens écoutèrent le Maître, et ils déclarèrent qu'ils le suivraient, pour connaître la science.

À Ourouvilva, le Bienheureux trouva les trois frères Kâçyapas. C'étaient de vertueux brahmanes, dont mille disciples écoutaient les paroles. Depuis quelque temps, ils étaient fort affligés, car un serpent cruel venait troubler leurs sacrifices. Ils contèrent leur peine au Bouddha. Le Bouddha eut un sourire ; il guetta le serpent et lui ordonna de laisser en paix, à l'avenir, les trois frères et leurs disciples. Le serpent obéit et les sacrifices ne furent plus interrompus.

Les Kâçyapas demandèrent au Bouddha de rester quelques jours parmi eux. Il y consentit. Il éblouit ses hôtes par d'innombrables prodiges, et tous, bientôt, résolurent de suivre la loi. Seul, l'aîné des Kâçyapas résistait :

« Vraiment, pensait-il, ce moine est très puissant ; il fait des prodiges, mais sa sainteté n'égale pas la mienne. »

Le Bienheureux pénétra la pensée de Kâçyapa. Il lui dit :

« Tu crois ta sainteté très grande, Kâçyapa, et tu n'es même pas dans la voie qui mène à la sainteté. »

Kâçyapa s'étonna fort qu'une pensée, qu'il croyait secrète, eût été devinée. Le Bienheureux continua :

« Tu ne sais rien encore de ce qu'il faut faire pour entrer dans la voie qui mène à la sainteté. Il faudra que tu m'écoutes, Kâçyapa, si tu veux que se dissipent les ténèbres où tu vis. »

Kâçyapa eut un moment de réflexion ; puis il tomba aux pieds du Bienheureux, et il dit :

« Instruis-moi, ô Maître ! Fais que je cesse de marcher dans la nuit ! »

Alors le Bienheureux monta sur une montagne, et il parla aux frères Kâçyapas et à leurs disciples.

« Ô moines, dit-il, tout, dans le monde, est en flammes. L'œil est en flammes ; ce qu'il aperçoit est en flammes ; tout ce qu'on voit, dans le monde, est en flammes. Pourquoi ? Parce qu'on n'éteint pas le feu de l'amour et de la haine. Les flammes de ce feu vous aveuglent, et vous vous laissez tourmenter par la naissance et par la vieillesse, par la mort et par la misère. Tout, ô moines, tout, dans le monde, est en flammes ! Comprenez-moi, et pour vous le feu s'éteindra ; votre œil ne sera plus aveuglé par les flammes, et vous n'aurez plus de joie à regarder les objets brûlants que vous admirez aujourd'hui. Comprenez-moi, et vous saurez que la naissance a une fin, vous saurez qu'on ne peut plus revenir sur la terre. »

VII

Le Bienheureux se rappela que le roi Vimbasâra lui avait manifesté, jadis, le désir de connaître un jour la loi. Il décida donc d'aller à Râjagriha, et il se mit en route avec l'aîné des Kâçyapas et quelques autres de ses nouveaux disciples. Il s'établit dans un bois, près de la ville.

Vimbasâra sut bientôt l'arrivée des moines ; il résolut de les voir, et, avec une suite nombreuse, il vint au bois. Il reconnut le Maître, et il s'écria :

« Tu n'as pas oublié mon désir, ô Bienheureux ; je te remercie et je te vénère. »

Il se prosterna ; et, quand le Maître l'eut relevé, il se tint à distance pour marquer son respect.

Mais, dans la foule, quelques-uns connaissaient Kâçyapa ; ils le tenaient pour un homme très saint ; nul encore n'avait vu le Bouddha, et l'on s'étonnait fort des honneurs que lui rendait le roi.

« Sans doute, il s'est trompé, dit un brahmane ; c'est devant Kâçyapa qu'il devait se prosterner.

— Oui, dit un autre, Kâçyapa est un grand maître.

— Notre roi a commis une singulière erreur, ajouta un troisième ; il a pris l'élève pour le maître. »

Ils ne parlaient pas à voix haute ; le Bienheureux, pourtant, les entendit : quelle parole, d'ailleurs, pouvait lui échapper ? Il dit à Kâçyapa :

« Qui t'a décidé, homme d'Ourouvilva, à quitter ton ermitage ? Qui t'a fait avouer ta faiblesse ? Réponds, Kâçyapa : comment as-tu abandonné le lieu où, depuis si longtemps, tu vivais ? »

Kâçyapa comprit ce que voulait le Maître ; il répondit :

« Je sais maintenant où tendaient mes anciennes austérités ; je sais toute la vanité de ce que j'enseignais.

Mes leçons étaient impures, et j'ai pris en dégoût la vie que, depuis si longtemps, je menais. »

Et, quand il eut dit ses paroles, il se jeta aux pieds du Maître, et il reprit :

« Je suis ton élève obéissant. Que je puisse poser ma tête sur tes pieds ! Tu es le Maître et tu commandes. Je suis ton élève, et je suis ton serviteur. Je t'écouterai et je t'obéirai. »

Sept fois il se prosterna, et la foule eut des cris d'admiration :

« Qu'il est puissant, celui qui a convaincu Kâçyapa d'ignorance ! Kâçyapa se croyait le plus grand des maîtres et le voici qui s'incline devant un autre ! Qu'il est puissant celui qui domine Kâçyapa ! »

Alors, le Bienheureux parla des quatre grandes vérités, et, quand il eut fini, le roi Vimbasâra vint à lui, devant tous les autres ; d'une voix assurée, il dit :

« J'ai foi en le Bouddha, j'ai foi en la loi, j'ai foi en la communauté des saints. »

Le Bienheureux permit au roi de s'asseoir à son côté. Et le roi dit encore :

« J'ai eu, dans ma vie, cinq grandes espérances : j'ai espéré qu'un jour je serais roi ; j'ai espéré qu'un jour le Bouddha viendrait dans mon royaume ; j'ai espéré qu'un jour je le contemplerais, de toute la force de mes yeux ; j'ai espéré qu'un jour il m'enseignerait la loi ; j'ai espéré qu'un jour je lui dirais ma foi. Toutes mes espérances, aujourd'hui, sont satisfaites. J'ai foi en toi, seigneur, j'ai foi en la loi, j'ai foi en la communauté des saints. »

Il se leva :

« Daigne, ô Maître, venir prendre ton repas dans mon palais, demain. »

Le Maître consentit, et le roi s'en alla : son bonheur était extrême.

Le plus grand nombre de ceux qui avaient accompagné le roi suivirent l'exemple qu'il avait donné, et dirent leur foi en le Bouddha, en la loi et en la communauté des saints.

Le lendemain, les habitants de Râjagriha quittèrent en foule leurs demeures ; ils brûlaient de voir le Bienheureux. Bientôt, le bois fut envahi par eux ; tous admiraient le Maître, tous chantaient sa puissance et sa gloire.

L'heure vint pour lui d'aller au palais du roi ; mais les curieux se pressaient sur la route, si nombreux qu'il n'était guère possible d'y faire un pas. Tout à coup un jeune brahmane surgit devant le Maître, on ne sait d'où. Il dit :

« Le doux Maître est avec les doux : il apporte la délivrance ; celui qui brille comme l'or est entré dans Râjagriha. »

Sa voix était aimable à entendre ; il faisait signe à la foule de s'écarter, et, sans même une pensée de résistance, on lui obéissait. Il chantait maintenant :

« Le Maître a chassé les ténèbres ; la nuit ne renaîtra jamais ; celui qui sait la loi suprême est entré dans

Râjagriha. »

On se demandait : « D'où vient ce jeune brahmane, dont la voix est si pure ? »

Et il chanta encore :

« Celui qui sait tout, le doux Maître, le Bouddha sublime est ici. Il est souverain dans le monde : je suis heureux de le servir. Ne pas servir les ignorants, mais servir humblement les sages et vénérer ceux qui sont nobles, est-il plus sainte joie au monde ? Demeurer dans un pays calme, faire souvent de bonnes œuvres, chercher le triomphe du droit, est-il plus sainte joie au monde ? Avoir l'adresse et la science, aimer les actes généreux, marcher toujours vers la justice, est-il plus sainte joie au monde ? »

Le jeune brahmane sut frayer au maître un chemin jusqu'au palais du roi Vimbasâra. Puis, sa tâche accomplie, on le vit qui s'élevait de terre, et il eut bientôt gagné les plus hautes régions du ciel. Il disparut dans la lumière, et l'on comprit qu'un Dieu avait tenu à honneur de servir le Bouddha et d'exalter sa grandeur.

Vimbasâra fit au Bienheureux la plus respectueuse des réceptions. Et, à la fin du repas, il lui dit :

« Ta présence me réjouit, seigneur, il faudra désormais que je te voie souvent, que j'entende souvent ta parole sacrée. Reçois de moi le don que voici. Plus près de la ville que la forêt où tu t'es établi, il y a un bois aimable, et qu'on nomme le Bois des bambous. Il est vaste, et toi et tes disciples pourrez y demeurer à l'aise. Je te donne le Bois des bambous, et, si tu l'acceptes, j'estime que tu m'auras rendu un grand service. »

Le Bouddha eut un sourire de contentement. On apporta un bassin d'or, tout rempli d'eau parfumée ; le roi prit le bassin, et il versa l'eau sur les mains du Maître, en disant :

« Comme, de mes mains, cette eau va sur tes mains, seigneur, que, de mes mains, le Bois des bambous aille en tes mains, seigneur. »

La terre trembla : la loi, maintenant, avait un sol où prendre racine. Et, le jour même, le Maître et ses disciples allèrent habiter le Bois des bambous.

VIII

Deux jeunes brahmanes, Çâripoutra et Maugalyâyana, vivaient alors dans la ville de Râjagriha. Ils étaient les meilleurs amis du monde et ils suivaient les leçons d'un ascète, Sañjaya. Ils avaient échangé cette promesse : « Celui de nous deux qui, le premier, obtiendra la délivrance de la mort, en préviendra l'autre sur-le-champ. »

Or, un jour, Çâripoutra aperçut Açvajit qui, par les rues de Râjagriha, recueillait des aumônes. Il fut frappé de sa bonne mine, de son maintien noble et modeste, de sa démarche calme et grave.

« En vérité, pensa-t-il, voilà un de ces moines qui, dès la vie terrestre, trouvent le sûr chemin de la sainteté. Il faut que j'aille à lui ; je lui demanderai qui est son maître, et à quelle loi il obéit. »

Mais il réfléchit :

« Le moment est mauvais pour interroger ce moine. Il recueille des aumônes, et je ne dois pas le troubler. Je vais le suivre, et, quand il sera satisfait des dons reçus, je l'aborderai, et je causerai avec lui. »

Çâripoutra suivit donc le vénérable Açvajit qui, bientôt, cessa de chercher des aumônes. Alors, il alla à lui, et le salua amicalement. Açvajit rendit à Çâripoutra son salut.

« Ami, dit Çâripoutra, ta figure est sereine, ton regard est pur et clair. Qui t'a fait renoncer au monde ? Qui est ton maître ? À quelle loi obéis-tu ?

— Ami, répondit Açvajit, j'ai pour maître le grand moine, le fils des Çâkyas.

— Que dit ton maître, ami, qu'enseigne-t-il ?

— Ami, c'est récemment que j'ai quitté le monde ; je ne connais la loi que depuis peu de temps ; je ne puis te la dire dans toute son ampleur, mais je puis brièvement t'en faire saisir l'esprit.

— Fais cela, ami, s'écria Çâripoutra. Parle peu, parle beaucoup, comme il te plaira ; mais dis-moi l'esprit de la loi. L'esprit seul m'importe. »

Le vénérable Açvajit dit cette seule parole :

« Le Parfait enseigne la cause, le Parfait enseigne les fins. »

Quand il entendit ces mots, Çâripoutra se sentit tout heureux ; il lui sembla qu'il entrevoyait la vérité : « Tout ce qui naît a une fin, » pensa-t-il. Il remercia fort Açvajit, et il le quitta, plein d'espoir.

Il alla trouver Maudgalyâyana.

« Ami, dit Maudgalyâyana en apercevant Çâripoutra, ami, que ta figure est sereine ! que ton regard est pur et clair ! Aurais-tu obtenu la délivrance de la mort ?

— Oui, ami. Un maître est venu près de Râjagriha qui enseigne la délivrance de la mort. »

Çâripoutra raconta la rencontre qu'il avait faite, et les deux amis résolurent d'aller trouver le Bienheureux. Leur maître Sañjaya voulut les retenir.

Restez avec moi, dit-il, je vous donnerai une place éminente parmi mes disciples. Vous serez, vous aussi, des maîtres ; vous serez mes égaux.

— Que nous importe d'être tes égaux ? À quoi bon propager l'ignorance ? Nous savons maintenant ce que valent tes leçons. Nous serions coupables de devenir des maîtres d'ignorance. »

Sañjaya insistait, mais, tout à coup, du sang chaud s'échappa de sa bouche. Les deux amis reculèrent avec horreur.

Ils cherchèrent le Bouddha ; ils le trouvèrent.

« Voici, dit le Maître en les voyant, voici les deux hommes qui seront les premiers parmi les miens. »

Et il les reçut avec joie dans la communauté.

IX

Le nombre des croyants augmentait sans cesse, et le roi Vimbasâra donnait au Maître des preuves constantes de foi et d'amitié. Souvent, il l'invitait à prendre au palais son repas, et il avait ordonné que la ville eût alors un air de fête. On devait cacher sous les fleurs le sol des rues et les maisons étaient parées d'étendards. Partout, on répandait les parfums les plus doux, et tous, hommes et femmes, revêtaient leurs plus brillants habits. Le roi lui-même allait au-devant du Bienheureux, et il l'abritait d'un parasol doré.

Beaucoup de jeunes gens, et des plus nobles, mirent tout leur espoir en la loi du Bienheureux. Ils voulaient devenir saints, et ils abandonnèrent leurs familles. Le Bois des bambous se peuplait de pieux disciples.

Il y en eut, dans le peuple de Râjagriha, que mécontentèrent les conversions faites par le Bouddha. Ils allaient par la ville avec des murmures de colère.

« Pourquoi le fils des Çâkyas est-il venu parmi nous ? disaient-ils. Assez de moines, déjà, ne nous prêchaient-ils pas la vertu ? Et ils n'entraînaient pas les jeunes hommes comme celui-là. Maintenant, nos enfants nous quittent. Par le fils des Çâkyas, que de femmes sont veuves ! Par le fils des Çâkyas, les familles s'éteindront. C'est pour le malheur du royaume que ce moine est venu parmi nous. »

Le Maître eut bientôt de nombreux ennemis par la ville. Quand ils voyaient ses disciples, ils leur criaient des injures ou ils avaient des paroles ironiques. »

« Le grand moine est venu dans la ville de Râjagriha ; il a conquis le Bois des bambous : va-t-il conquérir tout le royaume de Magadha ? disait un passant.

— Le grand moine est venu dans la ville de Râjagriha ; il a pris ses disciples à Sañjaya, disait un autre : qui va-t-il séduire aujourd'hui ?

— Une peste serait moins néfaste que le grand moine, disait un troisième, elle tuerait moins d'enfants.

— Elle ferait moins de veuves, » gémissait une femme.

Les disciples restaient impassibles. Ils sentaient pourtant que la colère grandissait dans le peuple, et ils rapportèrent au Maître les mauvaises paroles dont ils étaient accueillis.

« Que les injures ne vous troublent pas, ô disciples, répondit le Bouddha. Bientôt, on cessera de les proférer. À ceux qui vous poursuivront de railleries et d'insultes, répondez par des paroles calmes et sereines. Dites : « C'est parce qu'ils savent la vérité, la seule vérité, que les héros persuadent, que les parfaits convertissent. Qui ose outrager le Bouddha, le Saint qui convertit par la force de la vérité ? » Alors, on se taira, et, dans quelques jours, vous irez par la ville, sans rencontrer personne qui ne vous respecte et ne vous loue. »

Il en fut comme avait dit le Bouddha. Les voix mauvaises se turent, et tous, dans Râjagriha, honoraient les disciples du Maître.

X

Cependant, le roi Çouddhodana avait appris que son fils, après être arrivé à la science suprême, vivait à Râjagriha, dans le Bois des bambous. Il brûlait du désir de le revoir. Il lui envoya un messager, pour lui dire : « Ton père, le roi Çouddhodana, a l'ardent désir de te voir, ô Maître. »

Quand le messager arriva au Bois des bambous, le Maître disait aux disciples :

Voici une forêt au penchant d'une montagne, et, au pied de la montagne, un étang vaste, un étang profond. Au bord de l'étang vivent, en harde, des bêtes sauvages. Un homme survient qui veut le mal de ces bêtes, qui veut leur souffrance, qui veut leur perte. Il ferme le bon chemin, le chemin par où l'on s'éloignerait, sans danger, de l'étang, et il ouvre un chemin perfide, qui aboutit à un affreux marécage. Des lors, la harde sera en péril, et peu à peu, elle périra. Mais qu'un homme survienne, au contraire, qui veuille le bien des bêtes sauvages, qui veuille leur santé, qui veuille leur prospérité. Il détruira le chemin perfide qui aboutit au marécage, et il ouvrira un chemin sûr, vers le calme sommet de la montagne. Alors, la harde ne courra plus aucun danger, et, sans cesse, elle croîtra en nombre et en force. Comprenez, ô disciples, ce que je viens de vous dire. Comme la harde au bord de l'étang vaste et profond, les hommes vivent auprès des plaisirs. Celui qui veut leur mal, leur souffrance et leur perte, c'est Mâra le Malin. Le marécage où périssent les êtres, c'est la jouissance, c'est le désir, c'est l'ignorance. Celui qui veut le bien, la santé, la prospérité de tous, c'est le Parfait, le Saint, le bienheureux Bouddha. Par moi, disciples, a été ouvert le chemin sûr ; par moi a été détruit le chemin perfide. Vous n'irez pas au marécage ; vous monterez au clair sommet de la montagne. Tout ce que peut faire un maître qui a pitié de ses disciples, un maître qui veut le bien de ses disciples, je l'ai fait pour vous, ô mes disciples. »

Le messager écouta le Maître ; il fut ravi de sa parole, il se jeta à ses genoux, et il dit :

« Reçois-moi parmi tes disciples, ô Bienheureux. »

Le Maître étendit les mains et dit :

« Viens, moine. »

Le messager se releva, et, aussitôt, ses habits prirent, d'eux-mêmes, la forme et la couleur qu'ont les habits des moines. Il oublia tout du monde, et il ne dit point au Maître le désir de Çouddhodana.

Le roi se lassa d'attendre le retour du messager. Chaque jour faisait plus vif le désir qu'il avait de revoir son fils, et il dépêcha un nouveau messager vers le Bois des bambous. Mais de cet homme encore il attendit vainement le retour. Neuf fois il envoya des messagers au Bienheureux ; neuf fois, les messagers, à entendre la parole sacrée, résolurent de devenir moines.

Çouddhodana, enfin, fit appeler Oudâyin.

« Oudâyin, lui dit-il, tu sais que, des neuf messagers qui sont partis pour le Bois des bambous, pas un n'est revenu, pas un ne m'a fait savoir comment on avait accueilli mon message. J'ignore même s'ils ont parlé à mon fils, s'ils l'ont vu. Je suis très triste, Oudâyin. Je suis vieux. Je sens que la mort me guette. J'espère demain vivre encore, mais il serait téméraire de songer aux saisons lointaines. Pourtant, avant de mourir, je voudrais bien revoir mon fils. Autrefois, Oudâyin, tu étais son meilleur ami ; va le trouver, je ne connais point de messager qu'il reçoive mieux que toi. Dis-lui toute ma tristesse, dis-lui tout mon désir, et puisse-t-il n'y être pas insensible !

— J'irai donc, seigneur, » répondit Oudâyin.

Il partit. Il n'eut pas besoin d'être arrivé au Bois des bambous pour décider en lui-même qu'il se ferait moine.

Mais les paroles du roi Çouddhodana l'avaient ému, et il pensait : « Je dirai au Maître la peine de son père, et, sans doute, il sera pris de pitié et il ira vers le vieillard. »

Le Maître vit avec joie Oudâyin se joindre à ses disciples.

L'hiver était à sa fin. Oudâyin jugeait le temps propice au voyage, et, un jour, il dit au Bouddha :

« Les arbres bourgeonnent ; voici que vont renaître les feuilles. Regarde parmi les branches briller le soleil aux doux rayons. Maître, le temps est bon pour voyager. Il ne fait plus froid, il ne fait pas trop chaud encore ; la terre est verte d'une herbe souriante. En route, on trouvera facilement de quoi vivre. Le temps est bon pour voyager. »

Le Maître regarda Oudâyin avec douceur, et lui demanda :

« Pourquoi m'engages-tu à voyager, Oudâyin ?

— Ton père, le roi Çouddhodana aurait grande joie à te voir, Maître. »

Le Bouddha réfléchit pendant un instant, et il reprit :

« J'irai à Kapilavastou, et je verrai mon père. »

XI

Vimbasara, ayant appris que le Maître était sur le point de quitter, pour quelque temps, le Bois des bambous, l'alla voir avec son fils, le prince Ajâtaçatrou.

Le Maître regarda le jeune prince, puis il se tourna vers le roi.

« Puisse Ajâtaçatrou être digne de l'amour que tu lui témoignes, » dit-il.

De nouveau, il regarda le prince, et il lui parla :

« Écoute-moi, Ajâtaçatrou, et médite mon discours. La ruse ne réussit pas toujours, la méchanceté n'est pas toujours victorieuse. Un récit en fera foi, le récit d'une aventure qu'ont vue mes yeux, il y a bien longtemps. Je vivais alors dans une forêt ; j'étais le Dieu d'un arbre. Cet arbre avait poussé entre deux étangs, l'un petit, sans grâce, l'autre vaste, d'aspect agréable. Dans le petit étang, vivaient de nombreux poissons ; sur le grand s'épanouissaient d'innombrables lotus. Or, un été vint où la chaleur fut très ardente ; le petit étang fut presque desséché ; les eaux du grand étang, au contraire, protégées du soleil par les larges lotus, restaient abondantes et gardaient leur fraîcheur. Une grue passa entre les deux étangs ; elle vit les poissons ; elle s'arrêta et, debout, sur une patte, elle se mit à réfléchir. « Voilà, pensait-elle, des poissons qui seraient de bonne prise ; mais ils sont agiles ; si je les attaquais brusquement, ils sauraient m'échapper. Il vaut mieux que j'agisse par ruse. Pauvres poissons ! Ils sont mal à l'aise dans cet étang à peu près sec. Et là, il y a un autre étang, aux ondes fraîches, où ils nageraient avec volupté ! » Tandis que la grue songeait, grave comme un ascète, un poisson l'aperçut. Il lui demanda : Que fais-tu là, vénérable oiseau ? Tu sembles avoir des méditations profondes. — Je médite, ô poisson, je médite en effet, répondit la grue ; je me demande comment tes frères et toi échapperez à la tristesse de votre sort. — À la tristesse de notre sort ! Que veux-tu dire ? — Vous souffrez dans les eaux trop basses, ô malheureux ! Et, de jour en jour, la chaleur se fait plus forte ; les eaux baisseront encore, et vous, que deviendrez-vous ? Et l'heure viendra où l'étang sera tout à sec. Faudra-t-il donc que vous périssiez ? Pauvres, pauvres poissons ! Je pleure, je pleure sur vous. » Les poissons avaient tous entendu les paroles de la grue, et, maintenant, ils étaient pleins d'effroi. « Que deviendrons-nous, criaient-ils, quand la chaleur aura bu toute l'eau de l'étang ? » Et ils s'adressaient à la grue : « Oiseau, vénérable oiseau, connaîtrais-tu un moyen de nous sauver ? » Elle feignait de réfléchir encore ; enfin, elle leur dit : « J'ai trouvé, je crois, un remède à votre misère. » Tous les poissons l'écoutaient avidement. Elle continua : « Il y a, ici près, un étang merveilleux ; il est beaucoup plus grand que celui où vous vivez, et les lotus qui le couvrent ont défendu ses eaux de la soif de l'été. Croyez-moi, allez vivre dans cet étang. Je vous prendrai un à un, dans mon bec, je vous porterai jusqu'aux ondes voisines, et vous serez sauvés. » Les poissons allaient accepter avec joie ce que leur proposait la grue, mais une écrevisse s'écria : « Je n'ai jamais rien vu d'aussi singulier. » Les poissons demandèrent à l'écrevisse : « Qu'y a-t-il là pour t'étonner ? — Jamais, répondit l'écrevisse, jamais, depuis l'origine des mondes, je ne sache qu'une grue se soit intéressée à des poissons, sinon pour les manger. » La grue prit un air très humble, et dit : « Quoi, méchante écrevisse, tu me soupçonnes de vouloir tromper de pauvres poissons, que menace une mort cruelle ? Seul, le désir de votre salut m'inspire ; c'est votre bien que je veux. Mais mettez à l'épreuve ma bonne foi. Désignez un des vôtres qui aille dans mon bec jusqu'à l'étang des lotus ; il le verra, il y fera quelques tours, puis je le reprendrai, et je le rapporterai ici. Alors il vous dira ce qu'il faut penser de moi. — Voilà qui est bien, » dirent les poissons. Et ils désignèrent, pour aller à l'étang avec la grue, un vieux poisson qui, bien qu'à demi aveugle, passait pour avoir une grande sagesse. La grue le prit, le porta à l'étang, l'y déposa, le laissa nager tant qu'il voulut ; le vieux poisson fut ravi. Quand il fut de retour parmi ses frères, il n'eut pour la grue que des éloges. Les poissons se convainquirent qu'ils lui devraient la vie. « Prends-nous, criaient-ils, prends-nous, et porte-nous à l'étang des lotus. — Il sera donc fait suivant votre désir, » dit la grue. Et elle reprit dans son bec le vieux poisson à demi-aveugle. Mais, cette fois, elle ne le porta pas à l'étang. Elle le posa à terre, le perça du bec, puis elle mangea sa chair, et abandonna ses arêtes au pied d'un arbre, de l'arbre dont j'étais le Dieu. Le vieux poisson mangé, la grue retourna au bord du petit étang, et elle dit : « Qui de vous veut venir avec moi, maintenant ? » Les poissons étaient impatients de connaître leur nouvelle demeure, et la grue n'avait qu'à choisir parmi eux pour satisfaire sa gourmandise. Un à un, elle les mangea. Seule, restait l'écrevisse qui avait manifesté sa méfiance à l'oiseau. Elle pensait : « Je doute fort que les poissons soient dans l'étang des lotus ; je crains qu'ils n'aient été victimes de leur bonne foi ; mais il me serait utile de quitter cet étang misérable pour l'autre, qui est plus grand et plus sain. Il faut que la grue me transporte, sans que je coure aucun danger ; et, si elle a fait des dupes, il faut que je les venge. » L'oiseau s'approcha de l'écrevisse : « À ton tour, dit-il. — Comment me porteras-tu ? demanda l'écrevisse. — Je te prendrai dans mon bec, comme j'ai fait pour les autres, répondit la grue. — Non pas, répliqua l'écrevisse. Ma carapace est glissante ; je tomberais facilement de ton bec. Laisse-moi plutôt m'accrocher à ton cou, par la pince : j'aurai grand soin de ne pas te blesser. » La grue consentit. Elle s'arrêta au pied de l'arbre. « Que fais-tu ? dit l'écrevisse. Tu t'arrêtes à mi-chemin. Es-tu donc fatiguée ? La route cependant n'est pas longue entre les deux étangs. » La grue ne savait trop que répondre. L'écrevisse, d'ailleurs, commençait à lui serrer le cou. « Mais qu'aperçois-je ? continua-t-elle. Ce tas d'arêtes, au pied de l'arbre, me convainc de ta trahison. Tu ne me tromperas pas comme tu as trompé les autres poissons. Peut-être mourrai-je, mais non pas sans t'avoir tuée d'abord. » Et elle pinçait fortement la grue. La grue souffrait, et, les larmes aux yeux, elle criait : « Chère écrevisse, ne me fais pas de mal. Je ne te mangerai pas. Je te porterai à l'étang. — Va donc, » ordonna l'écrevisse. La grue alla jusqu'à l'étang ; elle étendit le cou, de manière que l'écrevisse n'eût plus qu'à se laisser choir dans l'eau. Mais l'écrevisse d'abord serra la pince, tellement que fut coupé le cou de la grue. Et le Dieu de l'arbre ne put s'empêcher de crier : « Très bien, écrevisse ! » Il ajouta : « La ruse ne réussit pas toujours. La méchanceté n'est pas toujours victorieuse. Tôt ou tard, la grue perfide rencontre une écrevisse. » N'oublie pas l'aventure de la grue, prince Ajâtaçatrou ! »

Vimbasâra remercia le Maître du précieux enseignement donné à son fils. Puis il dit :

« Bienheureux, je voudrais t'adresser une requête.

— Parle, dit le Bouddha.

— Pendant ton absence, je ne pourrai pas t'honorer, Bienheureux ; je ne pourrai pas te faire les offrandes coutumières, et j'en serai tout attristé. Donne-moi une mèche de tes cheveux, quelques morceaux de tes ongles : je les mettrai dans un temple, au milieu de mon palais. Ainsi, nous garderons un peu de toi parmi nous, et, tous les jours, nous ornerons le temple de guirlandes fraîches et nous y brûlerons des parfums. »

Le Bienheureux donna au roi ce qu'il demandait, et dit :

« Prends mes cheveux et prends mes ongles ; garde-les dans un temple ; mais, dans ton esprit, garde mon enseignement. »

Vimbasâra, tout heureux, rentra dans son palais, et le Maître partit pour Kapilavastou.

XII

Le Maître ne marchait pas très vite, et la distance était longue de Râjagriha à Kapilavastou. Aussi le sage Oudâyin jugea-t-il bon d'avertir le roi Çouddhodana que son fils s'était mis en route ; il prendrait patience et ne pleurerait pas des larmes inutiles.

Oudâyin s'envola à travers les airs, et, en un temps très court, il fut au palais de Çouddhodana. Il trouva le roi dans une grande affliction.

« Seigneur, dit-il, ton fils, bientôt, sera dans Kapilavastou. Sèche tes larmes.

— Ah, reprit le roi, c'est toi, cher Oudâyin ! Je croyais que, toi aussi, tu avais oublié le message dont je t'avais chargé, et je désespérais de jamais revoir mon fils bien-aimé. Mais te voici, et la nouvelle que tu m'apportes est heureuse entre toutes. Je n'aurai plus de larmes, maintenant, et j'attendrai doucement l'heure sainte où mon fils paraîtra devant mes yeux. »

Il ordonna qu'on servit à Oudâyin le plus riche des repas.

« Je ne mangerai pas ici, seigneur, dit Oudâyin. Je ne puis rien prendre sans savoir si mon maître a trouvé, lui-même, le repas qui lui convient. Je retournerai donc près de lui, par le chemin des airs. »

Mais le roi se récria :

« Je veux que tu doives à moi ta nourriture de chaque jour, Oudâyin ; et je veux qu'à moi aussi mon fils doive la sienne, tant que durera le voyage qu'il a entrepris pour me plaire. Mange. Puis tu porteras au Bienheureux la nourriture que je te donnerai pour lui. »

Oudâyin mangea et le roi lui fit remettre, pour son fils, un vase de mets savoureux. Le sage lança le vase en l'air, puis, lui-même, il s'envola.

Le vase alla tomber aux pieds du Bouddha, qui remercia fort son ami. Et, chaque jour, tant que dura le voyage, Oudâyin vola chercher, au palais du roi Çouddhodana, la nourriture du Maître ; et le Maître était heureux du zèle que le disciple mettait à le servir.

Il arriva enfin à Kapilavastou. Pour le recevoir, les Çâkyas s'étaient réunis dans un parc aimable, tout fleuri. Mais beaucoup d'entre eux étaient pleins d'orgueil, et ils avaient pensé : « Il y en a parmi nous de plus âgés que Siddhârtha ! Pourquoi exigerait-il l'hommage de ceux-là ? Que les enfants, que les tout jeunes gens s'inclinent devant lui ; ses aînés resteront la tête haute ! »

Le Bienheureux entra dans le parc. Il marchait dans une lumière vive qui éblouissait tous les yeux. Le roi Çouddhodana, tout ému, fit quelques pas vers lui. « Mon fils… » s'écria-t-il. Sa voix hésita, de ses yeux tombèrent des larmes heureuses, et il inclina doucement la tête.

Et les Çâkyas, voyant que le père avait rendu hommage au fils, durent se prosterner humblement.

On avait dressé pour le Maître un siège magnifique. Il y prit place. Alors, le ciel s'ouvrit, et une pluie de roses tomba sur le parc. L'air et la terre en étaient embaumés. Le roi, comme les Çâkyas, admirait. Et le Maître parla :

« Déjà, dans une existence ancienne, j'ai vu ma famille, réunie autour de moi, m'adresser des louanges unanimes. En ce temps-là régnait sur la ville de Jayatourâ le roi Sañjaya ; sa femme s'appelait Phousatî, et ils avaient un fils nommé Viçvantara. Viçvantara, à l'âge voulu, épousa Mâdrî, la plus belle des princesses, et il en eut deux enfants, un fils, Jâlin, et une fille, Krishnâjinâ. Il possédait un éléphant blanc qui avait le pouvoir merveilleux de faire pleuvoir à son gré. Or, le pays de Kalinga fut affligé d'une sécheresse extrême ; toutes les herbes étaient brûlées, et aucun fruit ne se formait aux arbres ; les hommes et les bêtes mouraient de faim et de soif. Le roi de Kalinga apprit la vertu singulière de l'éléphant qui appartenait au prince Viçvantara ; il envoya à Jayatourâ huit brahmanes, pour l'obtenir et l'amener dans la misérable contrée. Les brahmanes arrivèrent dans la ville de Viçvantara au moment d'une fête ; monté sur son éléphant, le prince se rendait au temple, pour y faire des aumônes. Il vit les envoyés du roi étranger. « Pourquoi êtes-vous venus ici ? leur demanda-t-il. — Seigneur, répondirent les brahmanes, le pays de Kalinga, qui est le nôtre, souffre de la sécheresse et de la famine ; ton éléphant, en nous ramenant la pluie, peut nous sauver ; veux-tu nous le donner ? — Que ne me demandez-vous davantage ? reprit Viçvantara. Que ne me demandez-vous mes yeux et ma chair ? Emmenez l'éléphant, et que, par lui, une pluie vivifiante tombe sur vos champs et vos jardins ! » Il donna l'éléphant aux brahmanes qui s'en allèrent, tout joyeux. Mais les habitants de Jayatourâ furent désolés ; ils craignirent la sécheresse pour leur pays, et ils allèrent se plaindre au roi Sañjaya ; « Seigneur, criaient-ils, ton fils a mal agi ; son éléphant nous gardait de la famine ; que deviendrons-nous, désormais, si le ciel nous refuse la pluie ? Sois impitoyable, seigneur, et que Viçvantara paye de la vie son imprudence. » Le roi répondit à ses sujets par des larmes, il leur fit mille promesses, on ne l'écouta point d'abord, puis on se montra moins cruel, et l'on quémanda enfin que le prince fût exilé au loin, dans un désert rocheux. Le roi dut consentir. « Mon fils, pensait Sañjaya, supportera mal la nouvelle de son exil. » Il n'en fut rien. « Mon père, dit Viçvantara, je partirai demain, et je n'emporterai rien de mes richesses. » Puis il alla trouver la princesse Mâdrî. « Mâdrî, dit-il, je quitte la ville ; mon père m'exile dans un âpre désert, où j'aurai peine à trouver une humble vie. Ne m'accompagne pas, ô bien-aimée. Tu t'exposerais à de trop rudes souffrances, et tu devrais laisser ici nos enfants : ils mourraient de ne plus nous voir. Reste sur ton trône d'or, avec nos enfants ; mon père m'a exilé, moi seul, et non pas toi. — Seigneur, répondit la princesse, si tu ne m'emmènes pas avec toi, je me tuerai, et vois quel crime tu auras commis. » Viçvantara se tut, il regarda longuement Mâdrî, il l'embrassa, et il lui dit : « Viens. » Mâdrî le remercia, et elle ajouta : « J'emmènerai les enfants, je ne puis me séparer d'eux, et il ne faut pas qu'ils meurent de ne plus nous voir. » Le lendemain Viçvantara fit atteler son char ; il y monta avec Mâdrî, Jâlin et Krishnâjinâ, et il sortit de la ville, tandis que pleuraient et gémissaient le roi Sañjaya et la reine Phousatî. Le prince, sa femme et ses enfants étaient déjà loin de la ville, quand ils virent un brahmane qui venait à eux. « Passant, dit le brahmane, suis-je bien sur le chemin de Jayatourâ ? — Oui, répondit Viçvantara ; mais que vas-tu faire à Jayatourâ ? — Je viens d'un pays lointain, reprit le brahmane. J'ai appris qu'à Jayatourâ vit un prince libéral nommé Viçvantara ; il avait un éléphant merveilleux, et il l'a donné au roi de Kalinga. Il fait de constantes aumônes ; je veux voir cet homme bienfaisant, je solliciterai de lui quelque grâce : je sais qu'on ne l'implore jamais en vain. » Viçvantara dit au brahmane : « Je suis l'homme que tu cherches, Viçvantara, fils du roi Sañjaya ; parce que j'ai donné mon éléphant au roi de Kalinga, mon père m'envoie en exil. Que pourrais-je te donner, ô brahmane ? » En entendant ces paroles, le brahmane se mit à gémir ; il disait d'une voix pitoyable : « On m'a donc trompé ! J'allais plein d'espoir, et il faudra que je retourne, déçu, vers ma demeure ! » Viçvantara l'interrompit : « Console-toi, brahmane. Tu ne te seras pas adressé vainement au prince Viçvantara. » Il détela les chevaux du char et les donna au brahmane, qui s'en fut, remerciant son bienfaiteur. Viçvantara continua sa route ; maintenant, il tirait lui-même le char. Bientôt, il vit venir un second brahmane. C'était un vieillard, petit, débile, qui avait des cheveux blancs et des dents jaunes. « Passant, dit-il au prince, suis-je bien sur la route de Jayatourâ ? — Oui, répondit le prince ; mais que vas-tu faire à Jayatourâ ? — Le roi de la ville a un fils, dit le brahmane : c'est le prince Viçvantara ; or, Viçvantara est, d'après les récits qu'on fait, d'une extrême bonté ; il a sauvé de la famine le royaume de Kalinga, et, quoi qu'on lui demandât, il l'a toujours donné. Je verrai Viçvantara, et je sais qu'il ne me rebutera point. — Si tu poursuis ta route vers Jayatoura, reprit le prince, tu ne verras pas Viçvantara ; son père l'a exilé au désert. — Malheureux que je suis ! s'écria le brahmane. Qui secourra ma faiblesse ? Mon espoir s'en va, et je rentrerai dans ma demeure, aussi pauvre que j'en suis sorti ? » Il pleurait. « Ne pleure point, lui dit Viçvantara ; je suis l'homme que tu veux voir. Tu ne m'auras pas rencontré vainement. Mâdrî, Jâlin, Krishnâjinâ, descendez du char ! Il ne m'appartient plus : je l'ai donné à ce vieillard. » Le brahmane se réjouit, et les exilés s'éloignèrent. Ils marchaient. Quand les enfants étaient fatigués, Viçvantara portait Jâlin, et Mâdrî Krishnâjinâ. Au bout de quelques jours, ils virent un troisième brahmane qui venait à eux. Il voulait aller à Jayatourâ, pour obtenir une aumône du prince Viçvantara. Le prince se dépouilla de ses vêtements, pour que le brahmane ne le quittât pas sans emporter rien. Puis, il marcha encore. Et un quatrième brahmane vint à lui, un homme d'aspect farouche, noir de peau, et sa voix était violente et son regard était impérieux. « Dis-moi, cria-t-il, si par cette route, j'arriverai à Jayatourâ ? — « Oui, répondit le prince. Et pourquoi vas-tu à Jayatourâ ? » Le brahmane verrait Viçvantara, et, à coup sûr, il obtiendrait un présent magnifique. Quand il sut que le prince, exilé, misérable, était devant lui, il ne pleura point, mais, avec des accents de colère, il dit : « Il ne faut pas que j'aie fait en vain une route difficile. Tu as, sans nul doute, emporté quelques bijoux de prix, et tu me les donneras. » Mâdrî avait un collier d'or ; Viçvantara le lui demanda, elle le tendit en souriant, et le brahmane emporta le collier de Mâdrî. Viçvantara, Mâdrî, Jâlin et Krishnâjinâ marchèrent longtemps encore ; ils durent passer des torrents furibonds, gravir des ravins épineux, traverser, sous le soleil ardent, des plaines rocailleuses. Les pieds de Mâdrî étaient déchirés par les pierres, Viçvantara avait à nu les os de ses talons ; où cheminaient les malheureux, la terre était rouge de sang. Un jour, Viçvantara, qui allait le premier, entendit des gémissements derrière lui ; il se retourna et il vit Mâdrâ qui s'était assise sur le sol, et qui se lamentait. Il fut pris d'angoisse, et il dit : « Par des paroles pressantes je t'ai adjurée, reine chérie, de ne pas me suivre dans l'exil où je suis condamné ; tu ne m'as pas entendu. Lève-toi, maintenant : si rudes soient-elles, nos enfants ne doivent point pâtir de nos fatigues ; ne prenons garde, ni toi ni moi, à nos blessures. » Mâdrî s'aperçut alors de l'état où étaient les pieds de son mari. « Ah, s'écria-t-elle, qu'elles sont légères, mes souffrances, au prix des tiennes ! Je vaincrai ma douleur. » Elle voulut se lever, mais elle ne put y réussir, et elle se remit à gémir, disant : « Je n'ai plus de force ; l'amour même des miens ne suffit pas à soutenir mon courage. Je mourrai de faim et de soif dans cette affreuse contrée ; mes enfants mourront aussi, et, peut-être, mon bien-aimé. » Or, du ciel, Indra observait les actes de Viçvantara et des siens. La tristesse de Mâdrî l'émut. Il descendit sur la terre, il prit la figure d'un aimable vieillard et il alla au-devant du prince. Il montait un cheval rapide. Il aborda Viçvantara avec des paroles amènes. « À te voir, seigneur, on devine que tu as souffert les pires fatigues. Une ville est près d'ici. Je t'y conduirai, et, dans ma demeure, toi et les tiens vous reposerez aussi longtemps qu'il vous plaira. » Le vieillard souriait. Il invita les exilés à monter à cheval, et, comme Viçvantara ne savait trop que faire : « La bête est forte, dit-il, et vous ne pesez guère. Pour moi, j'irai à pied, et la ville est si proche que je n'en aurai pas grande fatigue. » Viçvantara s'étonnait fort que, dans un désert si cruel, une ville eût été construite ; de cette ville, d'ailleurs, jamais il n'avait entendu parler. Mais la voix du vieillard était si engageante qu'il se décida à le suivre, et Mâdrî était si lasse qu'il accepta de monter à cheval avec elle et les enfants. Et, en effet, ils ne s'étaient guère avancés de plus de trois cents pas que leur apparaissait une ville magnifique. Elle était vaste, et l'on y voyait de beaux jardins et des vergers pleins de fruits mûrs. Un large fleuve l'arrosait. Le vieillard conduisit ses hôtes à un palais brillant. « Voici ma demeure, leur dit-il ; vous y logerez votre vie entière, si tel est votre désir. Entrez. » Dans une grande salle, Viçvantara et Mâdrî s'assirent sur des trônes dorés ; à leurs pieds, les enfants jouaient sur des tapis épais, et le vieillard leur fit apporter de très riches vêtements. On leur servit ensuite les mets les plus délicats, et ils purent apaiser leur faim. Cependant, Viçvantara réfléchissait ; tout à coup il se leva, et dit au vieillard : « Seigneur, j'obéis mal aux ordres de mon père. Il m'a banni de Jayatourâ, où il règne, et il m'a prescrit de vivre désormais au désert. Je ne dois pas jouir plus longtemps d'un bien-être qui m'est défendu. Souffre que je sorte de ta demeure. » Le vieillard essaya de le retenir, mais il vit que toutes ses paroles seraient inutiles, et Viçvantara, que suivaient Mâdrî et les enfants, quitta la ville. À peine en avait-il passé les portes, qu'il se retourna pour la voir une fois encore, mais elle avait disparu, et, où elle s'élevait, il n'y avait que du sable brûlant. Et Viçvantara fut heureux d'avoir repris sa route. Il arriva enfin à une montagne qu'ombrageait une vaste forêt. Là, il découvrit une hutte où, jadis, avait vécu un ascète ; il y fit des lits de feuillage pour lui et les siens, et, sans remords, il put goûter quelque repos. Tous les jours, Mâdrî allait cueillir des fruits sauvages aux arbres de la forêt ; les exilés n'avaient pas d'autre nourriture ; et ils buvaient l'eau d'une source fraîche qui murmurait près de la hutte. Pendant sept mois, ils ne virent aucun être humain ; mais, un jour, un brahmane vint à passer. Mâdrî était à la cueillette des fruits, et, sous la garde de Viçvantara, les enfants jouaient devant la hutte. Le brahmane s'arrêta à les considérer. « Ami, dit-il au père après quelques instants, veux-tu me donner tes enfants ? » La surprise empêcha d'abord Viçvantara de répondre, et, d'un regard anxieux, il interrogea le brahmane. « Oui, veux-tu me donner tes enfants ? J'ai une femme, beaucoup plus jeune que moi, et d'un caractère superbe. Elle est lasse des besognes domestiques et elle m'a ordonné de lui trouver deux enfants qui lui servissent d'esclaves. Donne-moi les tiens ; tu es d'aspect misérable, et tu dois avoir peine à les nourrir ; chez moi, ils auront de quoi manger, et je tâcherai que ma femme ne les maltraite pas trop. » Viçvantara pensait : « Voici donc qu'est exigé de moi un sacrifice amer. Que ferai-je ? Le brahmane a beau dire, mes enfants seront très malheureux chez lui ; sa femme est méchante, elle les battra, et ils n'auront qu'une nourriture de rebut. Mais, puisqu'on me les demande, ai-je le droit de ne pas les donner ? » Longtemps, il réfléchit encore, mais, enfin, il dit : « Emmène ces enfants, brahmane, et qu'ils soient les esclaves de ta femme. » Et Jâlin et Krishnâjinâ, tout en larmes, durent suivre le brahmane. Mâdrî, cependant, cueillait des grenades ; mais dès qu'elle prenait un fruit à l'arbre, il lui tombait des mains. Elle eut peur, et d'un pas rapide, elle se dirigea vers la hutte. Quand elle y arriva, elle ne vit plus les enfants, et elle interrogea son mari : « Où sont les enfants ? » Viçvantara sanglotait. « Où sont les enfants ? » Et Viçvantara se tut encore. Une troisième fois, elle répéta sa question : « Où sont les enfants ? » Et elle ajouta : Réponds, et au plus vite. Ton silence me tue. » Viçvantara, d'une voix pitoyable, parla : « Un brahmane est venu, il m'a demandé les enfants pour esclaves. — Et tu les as donnés ? acheva. Mâdrî. — Pouvais-je les refuser ? » Mâdrî tomba, inanimée, et elle fut longue à revenir à elle. Quand elle put se relever, elle eut des gémissements pitoyables, et elle disait : « Enfants qui m'éveilliez de mon sommeil, la nuit, enfants à qui je réservais les plus beaux fruits de ma cueillette, voici qu'un méchant vous emmène ! Je le vois qui vous fait courir, vous qui pouvez marcher à peine. Chez lui, vous souffrez de la faim ; on vous frappe brutalement. Vous travaillez dans une maison étrangère. Vous jetez des coups d'œil furtifs sur les chemins, mais vous ne voyez apparaître votre père ni votre mère. Et vos lèvres sont desséchées, vos pieds sont déchirés par les pierres aiguës ; le soleil vous flétrit les joues. Enfants, dans nos rudes souffrances, nous avions su vous protéger ; nous vous avions portés dans les déserts affreux : vous n'aviez pas souffert ; mais qu'allez-vous souffrir ? » Elle gémissait encore qu'un nouveau brahmane passa par la forêt. Il était vieux, et avait grand peine à marcher. Il fixa sur la princesse un regard chassieux, puis il s'adressa au prince Viçvantara : « Seigneur, je suis très vieux, tu le vois ; je suis impotent, et je n'ai chez moi personne qui m'aide à me lever et à me coucher ; je n'ai ni fils ni fille pour me veiller. Or, la femme que voici est jeune ; elle semble vigoureuse. Donne-la-moi pour servante ; elle me lèvera, elle me couchera, elle me veillera pendant mon sommeil. Donne-moi cette femme : tu feras une bonne action, une action sainte qu'on célébrera par toute la terre. » Viçvantara avait écouté les paroles du vieux brahmane ; il restait pensif. Il dit à Mâdrî : « Bien-aimée, tu as entendu le brahmane : que lui répondrais-tu ? » Elle dit : « Puisque tu as donné nos enfants, Jâlin, le plus aimé des aimés, et Krishnâjinâ, ma chérie, tu peux me donner aussi : je ne me plaindrai pas. » Viçvantara prit la main de Mâdrî et la mit dans la main du brahmane. Il ne pleurait pas ; nul remords ne le tourmentait. Le brahmane reçut la femme, il remercia le prince, et il dit : « Sois glorieux, Viçvantara, et puisses-tu devenir Bouddha ! » Il fit quelques pas pour s'en aller ; mais, tout à coup, il se retourna, il revint vers la hutte, et il dit : « J'irai dans un autre pays chercher une servante ; je te laisserai cette femme, pour qu'elle ne quitte point les Dieux de la montagne, ni les Déesses de la forêt, ni celle de la source ; et, désormais, tu ne la donneras à personne. » En parlant ainsi, le vieux brahmane se transformait ; il devenait très beau, et son visage brillait de lumière. Viçvantara et Mâdrî reconnurent Indra. Ils l'adorèrent, et le Dieu leur dit : « Que chacun de vous me demande une faveur et je la lui accorderai. » Viçvantara dit : Puissé-je, un jour, devenir Bouddha, et délivrer les êtres qui naissent et meurent dans les montagnes ! » Indra lui répondit : « Gloire à toi, qui seras un jour Bouddha ! » Mâdrî parla à son tour : « Seigneur, accorde-moi la faveur que voici : que le brahmane à qui ont été donnés mes enfants ne les garde pas dans sa demeure, mais qu'il cherche à les vendre, et qu'il ne trouve d'acheteur que dans Jayatourâ, et que l'acheteur soit Sañjaya lui-même. » Indra répondit : « Qu'il en soit ainsi ! » Il montait vers le ciel ; Mâdrî soupirait : « Puisse le roi Sañjaya pardonner à son fils ! » Et elle entendit le Dieu qui disait : « Qu'il en soit encore ainsi ! » Or, le brahmane qui avait emmené les enfants était arrivé à sa demeure, et sa femme s'était fort réjouie d'avoir deux jeunes esclaves. Elle ne tarda pas à les mettre au travail. Donner des ordres la divertissait fort, et il fallait que Jâlin et Krishnâjinâ lui obéissent en toutes ses fantaisies. Ils eurent d'abord quelque souci de l'écouter, mais elle était une si dure maîtresse qu'ils se départirent bientôt de leur zèle, et ils reçurent des réprimandes et des coups. Plus ils furent maltraités, plus ils se rebutèrent, et la femme dit enfin au brahmane : « Je ne puis rien faire de ces enfants. Va les vendre, et amène-moi d'autres esclaves, des esclaves qui sachent obéir et travailler. » Le brahmane emmena les enfants et il alla de ville en ville, pour les vendre ; mais nul de ceux à qui il les offrait ne voulait d'eux : le prix qu'il demandait était trop élevé. Il arriva enfin à Jayatourâ. Un conseiller du roi le croisa dans la rue ; il regardait les enfants maigres, noircis par le soleil, et, tout à coup, il les reconnut à leurs yeux. Il interrogea le brahmane : « D'où tiens-tu ces enfants ? — Seigneur, répondit le brahmane, on me les a donnés pour esclaves dans une forêt montagneuse ; ils obéissaient mal, et, maintenant, je cherche à les vendre. » Le conseiller du roi, très anxieux, s'adressa aux enfants : « Votre père est-il mort, que vous êtes tombés en esclavage ? — Non, répondit Jâlin, notre père n'est pas mort, ni notre mère, mais notre père nous a donnés à ce brahmane. » Le conseiller courut au palais du roi. « Seigneur, s'écria-t-il, « ton fils Viçvantara a donné pour esclaves à un brahmane tes petits-enfants, Jâlin et Krishnâjinî, et voici que leur maître, mécontent de leur service, les conduit de ville en ville, pour les vendre. » Le roi Sañjaya voulut qu'on lui amenât tout de suite le brahmane et les enfants. On eut tôt fait de les trouver, et le roi, quand il vit la misère de sa race, eut des larmes amères. Jâlin lui parla d'une voix suppliante : « Achète-nous, seigneur, car la femme du brahmane nous rend bien malheureux, et nous voulons vivre avec toi, qui nous aimes ; mais ne nous prends pas de force : notre père nous a donnés au brahmane, et de son sacrifice il attend un grand bien, pour lui et pour les créatures. — Quel prix veux-tu de ces enfants ? demanda le roi au brahmane. — Tu les auras pour mille bœufs, répondit le brahmane. — Bien, » fit le roi. Et, s'adressant à son conseiller : « Toi qui, désormais, seras le premier après moi, dans mon royaume, donne mille bœufs à ce brahmane, et compte lui mille mesures d'or, » ajouta-t-il. Le roi, avec Jâlin et Krishnâjinâ, alla trouver la reine Phousatî. À la vue de ses petits-enfants, elle se mit à pleurer et à rire ; elle les vêtit de très riches vêtements, et elle les para d'anneaux et de colliers. Puis elle leur demanda ce que faisaient leur père et leur mère. « Dans une forêt, au penchant des montagnes, ils habitent une hutte sauvage, dit Jâlin. Ils ont donné tout ce qu'ils avaient. Ils vivent de fruits et d'eau, et ils n'ont plus pour compagnons que les fauves. — Ah, s'écria Phousatî, ne rappelleras-tu pas ton fils, seigneur ? » Le roi Sañjaya envoya un messager au prince Viçvantara ; il lui faisait grâce, et lui ordonnait de revenir à Jayatourâ. Quand le prince approcha de la ville, il vit son père, sa mère et ses enfants qui venaient au-devant de lui ; des hommes et des femmes, en grand nombre, les accompagnaient ; on avait appris les souffrances de Viçvantara et sa vertu, et, maintenant, on lui pardonnait et on l'admirait. Le roi dit à son fils : « Cher fils, j'ai commis envers toi une grande injustice, vois mon remords, et sois bon pour moi : oublie ma faute ; sois bon aussi pour les gens de la ville : oublie leur injure ; eux ni moi ne nous irriterons plus jamais de tes aumônes. » Viçvantara embrassa son père en souriant, Mâdrî faisait mille caresses à Jâlin et à Krishnâjinâ, et Phousatî pleurait tendrement. Et, quand le prince franchit la porte de la ville, tous, d'une seule voix, l'acclamèrent. Or, Viçvantara, c'était moi. Vous m'acclamez comme on l'acclama jadis. Prenez le chemin qui mène à la délivrance. »

Le Bienheureux se tut. Les Çâkyas l'avaient écouté, et ils se retirèrent en s'inclinant devant lui. Nul, pourtant, n'avait songé à lui offrir son repas du lendemain.

XIII

Le lendemain le Maître parcourut la ville, pour y mendier sa nourriture. Il allait de maison en maison. Il fut bientôt reconnu, et les habitants de Kapilavastou se disaient entre eux :

« Voici vraiment un spectacle étrange. Le prince Siddhârtha, qui, jadis, passait dans les rues sous des habits magnifiques, vêtu maintenant comme le plus humble des moines, s'en va de porte en porte, mendiant son repas ! »

Et l'on se pressait aux fenêtres, l'on montait aux terrasses, et l'on ne pouvait se retenir d'admirer le mendiant.

Une servante de Gopâ, en sortant du palais, demanda de quoi la ville était émue. On le lui apprit. Elle rentra aussitôt et courut à sa maîtresse :

« Ton époux, dit-elle, le prince Siddhârtha, va par la ville, en moine mendiant ! »

Gopâ tressaillit. « Ah, pensa-t-elle, celui qui, autrefois, malgré l'or qui le parait, était brillant de lumière, n'a plus que des habits grossiers ; il n'a pour parure, que l'éclat divin de sa personne. »

Et elle soupira : « Comme il doit être beau ! »

Elle monta sur la terrasse du palais. Parmi un peuple nombreux, le Maître approchait. Il répandait autour de lui une clarté majestueuse. Gopâ tremblait de joie, et d'une voix fervente elle chanta :

« Lumineuse et douce est sa chevelure ; comme le soleil son front est brillant ; ses larges regards sourient et rayonnent ; parmi l'or du ciel marche le lion ! »

Elle chercha le roi :

« Seigneur, dit-elle, ton fils, plus beau qu'il ne le fut jamais, va par les rues de Kapilavastou. Il mendie, et la foule le suit et l'admire. » Troublé, Çouddhodana sortit. Il trouva son fils, et lui dit :

« Que fais-tu ? Pourquoi mendier ton repas ? Ne sais-tu pas que je t'attends dans ma demeure, et que tes disciples peuvent t'y accompagner ?

— Il faut que je mendie ; il faut que j'obéisse à la loi, répondit le Bienheureux.

— Dans la race guerrière des Çâkyas, il n'y eut jamais de mendiant, reprit le roi.

— Tu appartiens à la race des Çâkyas ; moi, à travers les existences passées, j'ai cherché la science suprême ; j'ai connu la beauté de l'aumône ; j'ai eu la joie de me donner moi-même. Au temps où j'étais l'enfant Dharmapâla, la reine, ma mère, jouait un jour avec moi, et elle en oublia de saluer, au passage, mon père, le roi Brahmadatta. Il pensa que de ma souffrance elle souffrirait plus que de la sienne, et, pour la punir, il ordonna de me couper les mains. Ma mère eut beau supplier et tendre ses mains au supplice, mon père fut inflexible, et on lui obéit. Je souriais et, de me voir sourire, ma mère sourit aussi. Mon père voulut alors qu'on me coupât les pieds. Sa volonté fut faite, je souriais encore. Rugissant de colère, il cria : « Qu'on lui coupe la tête ! »

Ma mère, tremblante, s'humilia à ses genoux :

« Prends ma tête, mais épargne ton fils, ô roi ! » implorait-elle. Le roi cédait, quand je parlai, de ma voix enfantine : « Mère, pour ton salut je donne ma tête ; et, quand je serai mort, qu'on expose mon corps sur une pique : je le donne en pâture aux oiseaux du ciel. » Et, comme le bourreau me saisissait aux cheveux, j'ajoutai : « Puissé-je devenir Bouddha, et délivrer les êtres qui naissent et qui meurent dans les mondes ! » Et voilà, roi Çouddhodana, voilà que je me suis éveillé à la sagesse ; je suis Bouddha, je connais le chemin qui mène à la délivrance ; ne me trouble pas dans mon œuvre. Qu'on se tienne éveillé, qu'on ait l'esprit actif ; qu'on suive le chemin sacré de la vertu ; il dort en paix, celui dont la vie est pieuse, il dort, sur cette terre, et dans les autres mondes ! »

Le roi Çouddhodana sanglotait d'admiration. Et le Bouddha lui dit encore :

« Que, de la vertu fausse, on discerne la vraie, et que, du chemin faux, on discerne le vrai. Il dort en paix celui dont la vie est pieuse, il dort, sur cette terre, et dans les autres mondes ! »

Le roi embrassa les genoux de son fils : il croyait pleinement en lui. Le Bienheureux sourit doucement, et, pour prendre son repas, il entra au palais de son père.

XIV

Bientôt, les femmes qui étaient dans le palais vinrent rendre hommage au Maître. Seule, Gopâ était absente. Le roi s'en étonna.

« Je lui ai demandé de nous accompagner, dit Mahâprajâpatî. « Je ne vous accompagnerai pas, nous a-t-elle répondu. Je ne sais si, par ma vertu, j'ai mérité de voir mon époux. Si je n'ai pas commis de faute, de lui-même il viendra à moi, et je lui témoignerai alors tous les respects qui lui sont dus. »

Le Maître se leva et il alla vers la chambre où se tenait Gopâ. Elle avait quitté les robes précieuses et les voiles délicats ; elle avait jeté loin d'elle les bracelets et les colliers ; elle portait un vêtement rougeâtre, d'une étoffe grossière. De la voir ainsi vêtue, il eut un sourire de bonheur. Elle se jeta à ses genoux et l'adora.

« Tu vois, dit-elle, j'ai voulu m'habiller comme tu es habillé, et, pour l'imiter, j'ai voulu connaître ta vie. Tu ne prends de nourriture qu'une fois dans la journée, et je ne prends de nourriture qu'une fois dans la journée. Tu as renoncé à dormir dans un lit : jette les yeux autour de toi ; tu ne verras pas de lit, et voici le banc où je dors. J'ignorerai désormais les parfums, et je ne veux plus mêler de fleurs à mes cheveux.

— Je savais ta vertu, Gopâ, répondit le Maître. Je te loue de n'y avoir pas manqué. Combien de femmes, au monde, auraient la force d'agir comme toi ? »

Et, après s'être assis, il parla :

Certes, il faut se défier des femmes. Pour une qui soit sage et bonne, on en trouverait plus de mille qui sont folles et méchantes. La femme est plus secrète que le chemin où, dans l'eau, passe le poisson ; elle est féroce comme le brigand, comme lui elle est rusée ; il est rare qu'elle dise la vérité, car, pour elle, le mensonge est pareil à la vérité, la vérité pareille au mensonge. Souvent, j'ai conseillé à mes disciples d'éviter les femmes. Je n'aime pas qu'on leur parle. Toi, pourtant, Gopâ, tu n'es point fausse ; je crois à ta vertu. La vertu est une fleur difficile à trouver ; pour la voir, pour la cueillir, il faut qu'une femme ait des yeux très clairs, une main très pure. Mâra cache sous des fleurs des flèches aiguës : que de femmes aiment les fleurs perfides, les fleurs qui leur font des blessures inguérissables ! Les malheureuses ! Elles ne savent pas que le corps est de l'écume légère ; elles s'attachent à ce monde, et le jour vient où les saisit le roi de la mort. Le corps est moins consistant qu'un mirage : qui sait cela brise la flèche fleurie de Mâra, qui sait cela ne verra jamais le roi de la mort. Tel le torrent, grossi par l'orage, emporte le village endormi, telle la mort emporte celle qui va cueillant des fleurs, l'esprit distrait. Cueille des fleurs, ô femme : jouis de leurs couleurs, enivre-toi de leurs parfums : la mort te guette et tu ne seras pas rassasiée encore, que tu seras sienne. Songe à l'abeille : elle va de fleur en fleur, et, sans nuire à aucune, elle emporte le suc dont elle fera le miel. »

XV

Depuis que Siddhârtha s'était retiré du monde, le roi Çouddhodana avait décidé qu'un autre de ses fils, Nanda, lui succéderait dans la royauté. Nanda était joyeux de penser qu'un jour il aurait le pouvoir ; il était joyeux aussi de penser que bientôt il épouserait la princesse Soundarikâ, qui était belle et qu'il aimait.

Le Maître jugea que son frère risquait fort de s'égarer dans de mauvais chemins et il alla le trouver.

« Je viens à toi, dit-il, car je sais que tu es dans une joie extrême, et je veux apprendre de toi-même les raisons de ta joie. Parle donc, Nanda, et me découvre ta pensée tout entière.

— Frère, répondit Nanda, je doute que tu me comprennes : tu as dédaigné la puissance royale, et tu as abandonné la tendre Gopâ !

— Tu comptes un jour être roi, et c'est pour cela que tu es joyeux, Nanda !

— Oui. Et je suis joyeux encore parce que j'aime Soundarikâ, et que bientôt j'aurai Soundarikâ pour femme.

— Malheureux ! s'écria le Maître. Comment peux-tu être joyeux, toi que les ténèbres environnent ? Ne voudras-tu point chercher la lumière ? Affranchis-toi d'abord de la joie : de la joie naît la douleur, de la joie aussi naît la crainte. Pour qui ne connaît plus la joie, il n'y a ni douleur ni crainte. Affranchis-toi de l'amour : de l'amour naît la douleur, de l'amour aussi naît la crainte. Pour qui ne connaît plus l'amour, il n'y a ni douleur ni crainte. Si tu recherches le bonheur de la terre, tes actes seront stériles, tes plaisirs se changeront en peines ; la mort est là toujours prête à fondre sur les malheureux qui rient et qui chantent. Le monde n'est que flamme et que fumée. Tout y souffre de la naissance, de la vieillesse et de la mort. Depuis que tu erres misérablement d'existence en existence, tu as versé plus de larmes qu'il n'y a d'eau dans tous les fleuves et dans toutes les mers. Tu as gémi et tu as pleuré de ne pas obtenir ce que tu désirais, tu as gémi et tu as pleuré aussi parce qu'il t'arrivait ce que tu redoutais. La mort d'une mère, la mort d'un père, la mort d'un frère, la mort d'une sœur, la mort d'un fils, la mort d'une fille, combien de fois, au cours des âges, t'ont-elles désolé ? Combien de fois as-tu perdu tes richesses ? Et, chaque fois que te vint une raison de t'affliger, tu as pleuré, tu as pleuré, tu as pleuré, et tu as versé plus de larmes qu'il n'y a d'eau dans tous les fleuves et dans toutes les mers ! »

Nanda avait écouté d'abord d'une oreille distraite le discours du Bouddha, mais, peu à peu, il y était devenu attentif, et, maintenant, il se sentait tout ému. Le Maître lui dit encore :

« Que le monde, à tes yeux, ne vaille pas plus qu'une bulle d'écume, qu'il ne soit qu'un rêve, et tu échapperas aux yeux de la royale mort. »

Il se tut.

« Maître, Maître, s'écria Nanda, je te suivrai ! Emmène-moi. »

Le Maître prit Nanda par la main, et sortit du palais. Mais Nanda réfléchissait ; il songeait qu'il avait été bien prompt à suivre son frère : Ne se repentirait-il pas amèrement et bientôt peut-être de ce qu'il avait fait ? Quoi qu'on en dise, la royauté est douce et noble à exercer. Et Soundarikâ ?

« Elle est bien belle, pensait Nanda ; ne la reverrai-je donc jamais ? » Et il soupirait tristement.

Pourtant, il suivait le Maître. Il n'osait pas lui parler. Il craignait ses reproches, il craignait son mépris.

Et voici qu'au détour d'une rue, il vit une jeune fille qui venait à lui, souriante. Il reconnut Soundarikâ. Il baissa les yeux.

« Où vas-tu ? » lui demanda-t-elle.

Il ne répondait pas. Elle s'adressa au Maître :

« L'emmènes-tu ?

— Oui, répondit le Maître.

— Mais il reviendra bientôt ? »

Nanda voulait crier : « Oui, je reviendrai bientôt, Soundarikâ ! » Mais la peur le retint, et, sans une parole, les yeux toujours baissés, il s'en alla avec le Maître.

Soundarikâ comprit que Nanda était perdu pour elle, et elle pleura.

XVI

La sage Gopâ regardait un jour son fils Râhoula.

« Que tu es beau, mon enfant ! lui disait-elle. Quelle clarté brille déjà dans tes yeux ! Ton père te doit un pieux héritage, et il faudra que tu ailles le lui réclamer. »

La mère et l'enfant montèrent sur la terrasse du palais. Le Bienheureux passait dans la rue. Gopâ dit à Râhoula :

« Râhoula, tu vois ce moine ?

— Oui, mère, répondit l'enfant. Il a le corps tout doré.

— Il est beau comme les Dieux du ciel. C'est une sainte lumière qui lui dore la peau. Aime-le, mon enfant, aime-le, il est ton père. Jadis, il possédait de grands trésors, il avait des métaux précieux et d'éclatantes pierreries ; maintenant, il va de maison en maison, mendiant sa nourriture : mais il a conquis un trésor merveilleux : il s'est éveillé à la science suprême. Descends, mon fils. Dis-lui qui tu es, et demande-lui ton héritage. »

Râhoula obéit à sa mère. Il fut vite auprès du Bouddha. Il se sentait tout heureux.

« Moine, dit-il, il est doux d'être à ton ombre. »

Et comme le Maître le regardait d'un œil bienveillant, il marcha à son côté. Il se souvint des paroles de sa mère, et il dit :

« Seigneur, je suis ton fils. Je sais que tu possèdes le plus riche des trésors. Père, donne-moi mon héritage. »

Le Maître sourit. Il ne répondit rien. Il continuait à mendier son repas. Mais Râhoula ne l'abandonnait point. Il le suivait et ne cessait de répéter :

« Père, donne-moi mon héritage. »

Le Maître parla enfin :

« Tu ne sais pas, enfant, de quelle nature est le trésor qu'on t'a vanté. En me réclamant ton héritage, tu crois me réclamer quelques biens périssables. Comme trésors, tu connais ceux-là seulement qu'adore la vanité humaine, et que ravit aux faux riches l'âpre avidité de la mort. Mais pourquoi te laisserais-je dans l'ignorance ? Tu as raison, Râhoula, de me réclamer ton héritage. Tu auras ta part des joyaux qui sont les miens. Tu verras les sept joyaux, tu connaîtras les sept vertus, et tu sauras ce que valent la foi et la pureté, la modestie et la pudeur, l'obéissance et le renoncement et la sagesse. Viens, et je te confierai au pieux Çâripoutra, pour qu'il t'instruise. »

Râhoula accompagna son père. Gopâ était heureuse. Seul, le roi Çouddhodana s'attrista : tous les siens l'abandonnaient ! Et il ne put cacher au Maître sa pensée :

« Ne t'afflige pas, répondit le Maître. Le trésor est si grand auquel participeront ceux qui m'écoutent et qui me suivent ! Supporte silencieusement tes peines ; sois pareil à l'éléphant qui, dans la bataille, est blessé d'une flèche ennemie : on ne l'entend point gémir. Les rois, dans les batailles ; montent des éléphants domptés ; parmi les hommes, le meilleur de tous est celui qui a su se dompter, celui qui supporte silencieusement ses peines. Celui qui a dompté ses sens comme on dompte des chevaux, celui qui n'a plus d'orgueil, celui-là est envié des Dieux. Il ne commet pas de mauvaises actions. Ni aux grottes de la mer ni aux cavernes des montagnes tu ne pourras fuir les actions mauvaises ; elles s'attachent à tes pas, elles te brûlent, tu ignores le repos, insensé ! Mais, si tu as fait le bien, quand tu quittes la terre, tes bonnes œuvres t'accueillent, comme tes amis au retour d'un long voyage. Nous vivons dans la joie parfaite, nous qui, parmi les hommes haineux, restons sans haine. Nous vivons dans la joie parfaite, nous qui, parmi les hommes malades, restons sans maladie. Nous vivons dans la joie parfaite, nous qui, parmi les hommes las, restons sans lassitude. Nous vivons dans la joie parfaite, nous qui ne possédons rien. Nous avons la gaieté pour nourriture, et nous sommes pareils aux Dieux éblouissants. Le moine qui demeure en un lieu solitaire garde une âme pleine de paix, et, contemplant de son œil clair la vérité, il goûte un bonheur surhumain. »

Ayant, par de telles paroles, consolé le roi Çouddhodana, le Bienheureux quitta Kapilavastou et revint à Râjagriha.

XVII

Le Maître était à Râjagriha quand y arriva un riche marchand de Çrâvasti, nommé Anâthapindika. Anâithapindika était très pieux, et, dès qu'il eut appris qu'un Bouddha habitait dans le Bois des bambous, il brûla du désir de le voir.

Un matin, il se rendit au Bois, et, dès qu'il y fut entré, une voix divine le guida vers le Maître. Il fut accueilli par des paroles bienveillantes, il fit un don magnifique à la communauté, et le Maître lui promit d'aller bientôt à Çrâvasti.

Quand il fut de retour chez lui, Anâthapindika se demanda où il pourrait recevoir le Bienheureux. Ses jardins ne lui semblaient pas dignes d'un pareil hôte. Le plus beau parc de la ville appartenait au prince Jéta : il résolut de l'acheter.

« Je veux bien te vendre mon parc, lui dit Jéta, mais il faudra que tu en couvres de pièces d'or le sol entier. »

Le marché fut conclu. Anâthapindika fit apporter au parc des pièces d'or, par chariots ; il ne restait plus à couvrir qu'une petite bande de terre, quand Jéta, tout heureux, s'écria :

« Le parc est à toi, marchand ; je te donne avec joie la bande qui n'est pas encore couverte. »

Anâthapindika fit préparer pour le Maître le parc de Jéta, puis il envoya le plus fidèle de ses serviteurs le prévenir, au Bois des bambous, qu'on pourrait, maintenant, le recevoir à Çrâvastî.

« Vénérable, dit le messager, mon maître se prosterne à tes pieds ; il espère que l'inquiétude et la maladie t'ont épargné, et qu'il ne te répugne pas de tenir la promesse que tu lui as faite. Tu es attendu à Çrâvastî, vénérable. »

Le Bienheureux n'avait pas oublié la promesse faite au marchand Anâthapindika ; il tenait à l'accomplir ; aussi dit-il au messager : « J'irai. »

Il laissa passer quelques jours, puis il prit son manteau et son vase à aumônes, et se mit en route vers Çrâvastî. De nombreux disciples l'accompagnaient. Le messager le précéda, pour annoncer au marchand qu'il arrivait.

Anâthapindika jugea bon d'aller à la rencontre du Maître. Sa femme, son fils, sa fille le suivaient, ainsi que les plus riches habitants de la ville. Tous furent éblouis quand parut le Bouddha ; il semblait marcher sur un chemin d'or fluide.

Il fut conduit au parc de Jéta, et Anâthapindika lui dit :

« Seigneur, que ferai-je de ce parc ?

— Donne-le à la communauté, pour le présent et pour l'avenir, » répondit le Maître.

Anâthapindika fit apporter un vase d'or, plein d'eau ; il versa l'eau sur les mains du Maître, et il dit :

« Je donne ce parc à la communauté dont est chef le Bouddha, pour le présent et pour l'avenir.

— C'est bien, dit le Maître. J'accepte le don. Ce parc sera pour nous un heureux asile ; nous y vivrons en paix, abrités du chaud et du froid. Les animaux méchants n'y entrent pas ; on n'y entend point le sifflement des moustiques ; on y est protégé de la pluie, du vent âpre et du soleil violent. Ce parc est propice au rêve ; nous saurons y méditer longuement. Il sied de faire à la communauté de pareils dons. L'homme sensé, celui qui ne néglige point ses intérêts, doit donner aux moines d'honnêtes demeures ; il doit leur donner le manger et le boire ; il doit leur donner des vêtements. Les moines, en récompense, lui enseigneront la loi, et celui qui connaît la loi est délivré de ses fautes et parvient au nirvana. »

Le Bouddha et ses disciples s'établirent dans le parc de Jéta.

Anâthapindika était heureux ; mais, un jour, il eut de graves réflexions :

« On me loue très haut, pensait-il ; et, pourtant, qu'ont mes actes de si admirable ? Je fais des dons au Bouddha et aux moines, et j'acquiers ainsi des droits aux récompenses futures : mais ma vertu ne profite qu'à moi. Il faut que j'amène d'autres êtres à partager mes droits. J'irai par les rues de la ville, et, de ceux qui passeront, je recueillerai des offrandes volontaires pour le Bouddha et pour les moines. Ils seront nombreux, alors, ceux qui participeront au bien que je ferai. »

Il alla trouver le roi de Çrâvastî, Prasénajit, qui était un homme juste et sage. Il lui dit ce qu'il comptait faire et il fut approuvé. Un héraut royal parcourut la ville en proclamant ceci :

« Écoutez, habitants de Çrâvastî. Dans sept jours, le marchand Anâthapindika, monté sur un éléphant, se promènera dans les rues de la ville. À tous il demandera des aumônes qu'il offrira ensuite au Bouddha et à ses disciples. Que chacun de vous lui donne ce qu'il pourra. »

Anâthapindika, le jour venu, monta sur le plus beau de ses éléphants ; il alla par les rues, et, de tous, il sollicitait des offrandes qu'il remit au Maître et à la communauté. On se pressait autour de lui : celui-ci donnait de l'or, celui-là de l'argent ; une femme détachait son collier, une autre son bracelet, une troisième l'anneau qui parait sa cheville. Les dons les plus humbles étaient acceptés.

Or, il y avait dans Çrâvastî une jeune fille qui était très pauvre. En trois mois, elle avait péniblement gagné de quoi acheter une pièce d'étoffe grossière, et elle venait de s'en faire une robe. Elle vit Anâthapindika et la foule qui l'entourait.

« Le marchand Anâthapindika me semble mendier, dit-elle à un passant.

— Il mendie, en effet, lui fut-il répondu.

— On le prétend l'homme le plus riche de Çrâvastî. Pourquoi donc mendie-t-il ?

— N'as-tu pas entendu la proclamation que fit un héraut royal, il y a sept jours ?

— Non pas.

— Ce n'est pas pour lui que mendie Anâthapindika. Il veut que tous aient leur part dans le bien qu'il fait, et c'est pour le Bouddha et ses disciples qu'il recueille des offrandes. Qui lui donne aura droit aux récompenses futures. »

La jeune fille se dit : « Je n'ai jamais accompli d'acte méritoire. Il me serait bon de faire une offrande au

Bouddha. Mais je suis bien pauvre. Qu'ai-je à donner ? » Elle marchait, toute pensive. Elle regarda sa robe neuve : « Je n'ai que ma robe à donner. Mais je ne puis aller nue par la ville. »

Elle rentra chez elle, ôta sa robe, et guetta à la fenêtre le passage d'Anâthapindika ; et, quand elle vit le marchand devant sa maison, elle lui jeta la robe. Il la prit et la montra à des serviteurs.

« La femme qui m'a jeté cette robe, dit-il, n'avait pas d'autre bien, sans doute ; il faut qu'elle soit nue pour ne point sortir de chez elle, et faire son aumône par la fenêtre. Allez, et tâchez de la trouver et de savoir qui elle est. »

Les serviteurs eurent quelque peine à trouver la jeune fille ; ils la virent enfin, et ils apprirent que leur maître avait supposé vrai : la robe jetée était toute la richesse de la pauvre enfant. Anâthapindika fut très ému, et à celle qui, par piété, s'était dépouillée d'une robe vulgaire, il fit apporter de nombreux habits, tous des plus beaux et des plus rares.

Elle mourut le lendemain, et elle alla renaître Déesse au ciel d'Indra. Mais elle n'oublia pas comment elle avait mérité une pareille récompense, et, une nuit, elle descendit sur terre et vint voir le Bouddha qui lui enseigna la loi sainte.

XVIII

Le Maître, après avoir séjourné quelque temps à Çrâvastî, jugea bon de reprendre le chemin de Râjagriha, où l'attendait le roi Vimbasâra.

Or, comme il se reposait dans un village, à mi-route, il vit sept hommes qui venaient à lui. Il les reconnut : six étaient de ses parents ; ils se nommaient Anourouddha, Bhadrika, Bhrigou, Kimbila, Devadatta et Ananda, et ils étaient des plus puissants et des plus riches parmi les Çâkyas ; le septième était un barbier, du nom d'Oupâli.

Anourouddha s'était dit un jour qu'il était honteux pour les Çâkyas qu'aucun d'eux n'eût suivi le Bouddha, et il avait résolu de donner un pieux exemple. Il crut bon de ne point taire son projet, et il s'en ouvrit d'abord à Bhadrika, qui était son meilleur ami. Bhadrika approuva fort Anourouddha, et même, à la réflexion, il pensa qu'il devait l'imiter. Ananda et Bhrigou, Kimbila et Devadatta s'étaient, eux aussi, laissé persuader, les uns par Bhadrika, les autres par Anourouddha, que nul état n'était préférable à celui de moine.

Les six princes se mirent donc en route pour joindre le Bouddha ; mais, à peine étaient-ils sortis de Kapilavastou, qu'Ananda dit à Bhadrika :

Eh quoi, Bhadrika, tu veux vivre la vie sainte, et tu as gardé tes bijoux ? »

Bhadrika rougit d'abord ; mais il vit qu'Ananda n'avait, non plus que lui, dépouillé ses parures ; il rit alors, et répondit seulement : « Regarde-toi, Ananda. »

Et ce fut Ananda qui rougit.

Cependant, ils entre-regardèrent, et ils s'aperçurent qu'aucun d'eux n'avait quitté ses bijoux. Ils étaient très confus ; ils baissaient les yeux, et ils n'osaient parler, quand les croisa le barbier Oupâli.

« Barbier, lui dit Ananda, prends mes bijoux, je te les donne.

— Prends aussi les miens, » dit Bhadrika.

Tous imitèrent Ananda et Bhadrika et tendirent leurs bijoux à Oupâli. Lui ne savait que répondre : pourquoi les princes, qui ne le connaissaient guère, lui faisaient-ils un pareil don ? Devait-il l'accepter ? Devait-il le refuser ? Anourouddha comprit l'hésitation du barbier et il lui dit :

« Tu peux accepter nos bijoux sans crainte. Nous nous rendons auprès du grand ascète qui est né parmi les Çâkyas, auprès de Siddhârtha, qui, maintenant, est devenu Bouddha. Il nous enseignera la science, et nous nous soumettrons à sa discipline.

— Princes, demanda le barbier, allez-vous donc vous faire moines ?

— Oui, » lui fut-il répondu.

Il prit alors les bijoux. Il fit quelques pas vers la ville ; mais, tout à coup, il pensa : « J'agis en fou. Qui croira que des princes m'ont, ainsi, comblé de richesses ? On me traitera de voleur, d'assassin peut-être. Le moins qui puisse m'arriver est d'étre en butte à la haine des Çâkyas. Je ne garderai pas les bijoux. » Il les pendit à un arbre, sur le bord du chemin. Et il pensa encore : « Ces princes donnent un noble exemple. Ils ont eu le courage de quitter leurs palais, et moi, qui ne suis rien, j'aurais la faiblesse de rester dans ma boutique ? Non. Je vais les suivre. Comme eux, je verrai le Bouddha, et puisse-t-il m'admettre parmi les moines ! »

Il suivit les princes. Il n'osait pas se joindre à eux. Mais Bhadrika, par hasard, vint à tourner la tête. Il aperçut Oupâli. Il l'appela.

« Pourquoi, barbier, as-tu dédaigné nos bijoux ? demanda-t-il.

— Comme vous, répondit le barbier ; je veux me faire moine.

— Marche donc avec nous », reprit Bhadrika. Mais Oupâli se tenait encore en arrière des princes. Anourouddha lui dit :

« Marche sur le même rang que nous, barbier. La vertu seule et l'ancienneté mettent quelque différence entre les moines. Il faudra même, quand nous serons en face du Bienheureux, que tu lui parles le premier, que tu lui demandes, le premier, à être admis parmi les moines. Les princes, en te cédant le pas, prouveront qu'ils ont dépouillé tout l'orgueil des Çâkyas. »

Ils continuèrent leur route. Et, tout à coup, voici qu'un faucon fondit sur la tête de Devadatta. On remarqua alors que, dans les cheveux, il avait gardé un diamant. On connaissait sa vanité, on en sourit. Le faucon emporta le diamant. Devadatta maintenant n'avait plus de bijou, mais ses compagnons se demandaient, en eux-mêmes, si sa foi était sincère.

XIX

Le Maître fut heureux de recevoir ses parents au nombre de ses disciples, et il les emmena dans le Bois des bambous.

Là, le triste Nanda souffrait fort d'être moine. Il songeait à Soundarikâ, il regrettait de l'avoir abandonnée, et, souvent, il la revoyait dans ses rêves. Le Bouddha connut sa misère ; il résolut de le guérir.

Un jour, il le prit par la main, et le conduisit sous un arbre où était perchée une guenon affreuse.

« Vois, lui dit-il, vois cette guenon : ne la trouves-tu pas belle ?

— J'ai vu peu d'êtres aussi laids, répondit Nanda.

— Vraiment ? reprit le Maître. Elle ressemble pourtant à ta fiancée d'autrefois, à Soundarikâ.

— Que dis-tu ? s'écria Nanda. Cette guenon ressemblerait à Soundarikâ, à celle qui est la grâce, qui est la beauté même ?

— En quoi Soundarikâ diffère-t-elle de la guenon ? L'une et l'autre sont des femelles, l'une et l'autre éveillent les désirs des mâles : je te sens prêt à quitter la voie sainte pour courir aux baisers de Soundarikâ, et sois sûr que, dans le bois, vit un singe qu'enrage d'amour l'âpre ardeur de cette guenon. L'une et l'autre deviendront des vieilles décrépites, et alors tu te demanderas, aussi bien que le singe, quelle fut la cause de ta folie ; l'une et l'autre mourront, et peut-être le singe et toi comprendrez-vous enfin la vanité des sens. Soundarikâ ne diffère en rien de la guenon. »

Nanda écoutait à peine le Bienheureux. Il avait de gros soupirs. Il rêvait. Il voyait Soundarikâ, svelte et gracieuse, passer dans un jardin tout fleuri.

« Prends le bout de mon manteau ! » lui dit le Bienheureux d'une voix impérieuse.

Nanda obéit. Il sentit, tout à coup, que la terre manquait sous ses pieds, et qu'un tourbillon fougueux l'emportait vers le ciel. Bientôt, il marcha de nouveau ; il était dans un parc merveilleux ; le sol était d'or, les fleurs de rubis vivant et de saphir parfumé.

Te voici dans le ciel d'Indra, dit le Bienheureux. Ouvre tes yeux aveuglés. »

Nanda aperçut, dans une prairie d'émeraude, une maison d'argent lucide. Au seuil, souriait une Apsaras, plus belle encore que Soundarikâ. Nanda fut pris d'un désir fou, et il courut à elle ; mais elle l'arrêta d'un geste brusque :

« Sois chaste sur terre, lui dit-elle, observe ton vœu, Nanda ; et, après ta mort, tu renaîtras ici, et je te recevrai dans mes bras. »

L'Apsaras disparut. Nanda, avec le Maître, redescendit sur terre.

Il avait oublié Soundarikâ ; c'était à l'Apsaras, entrevue dans les jardins du ciel, qu'il songeait maintenant, et, pour l'amour d'elle, il s'était résolu à demeurer chaste toute sa vie.

Cependant, les moines le regardaient d'un assez mauvais œil. On ne lui parlait pas ; souvent, quand on le rencontrait, on avait pour lui des sourires de mépris. Il devint triste ; il pensait : « Il semble qu'on m'en veuille : pourquoi ? » Et, un jour, il retint Ananda, qui passait, et lui demanda :

« Pourquoi les moines me fuient-ils ? Pourquoi ne me parles-tu plus, Ananda ? Jadis, pourtant, à Kapilavastou, nous n'étions pas unis par la seule parenté ; nous étions des amis. Je veux savoir ce qui te chagrine en moi.

— Malheureux ! répondit Ananda, le Maître ne veut pas que nous te parlions, nous qui méditons sur les vérités saintes, à toi qui médites sur les charmes d'une Apsaras ! »

Et il s'échappa.

Le pauvre Nanda fut tout affligé. Il courut au Maître, il pleura, il se jeta à ses pieds. Le Maître lui dit :

« Tes pensées sont mauvaises, Nanda. Tu es l'esclave de tes sens : Soundarikâ hier, une Apsaras aujourd'hui t'affolent. Et tu désires renaître ! Renaître parmi les Dieux ?

Quelle est ta sottise et quelle est ta vanité ! Efforce-toi vers la sagesse ; écoute mes leçons, et tue en toi les passions dévorantes. »

Nanda réfléchit aux paroles du Bouddha. Il se fit le plus docile des disciples, et, peu à peu, il purifia sa raison. Il ne voyait plus sa fiancée dans ses rêves, et il riait, maintenant, d'avoir voulu, pour une Apsaras, devenir Dieu. Un jour, comme une guenon fort laide le regardait du haut d'un arbre, il cria d'une voix triomphante :

« Salut, toi que Soundarikâ n'égale pas en grâce, salut, toi qui es plus belle que la plus belle des Apsaras. »

De s'être vaincu, il avait conçu un orgueil extrême : « Je suis un vrai saint, pensait-il, et en vertu je ne le cède pas à mon frère. »

Il se fit un vêtement de même mesure que celui du Maître. Des moines, qui étaient assis, l'aperçurent de loin, et se dirent :

« Voici le Maître qui vient à nous. Levons-nous et saluons-le. »

Mais, lorsque Nanda fut près d'eux, ils connurent leur méprise ; ils furent pleins de confusion, et ils se rassirent en disant :

« Il est moins ancien que nous dans la communauté : pourquoi nous lèverions-nous devant lui ? »

Nanda s'était réjoui de voir les moines se lever, il fut humilié de les voir se rasseoir. Il n'osa pas se plaindre ; il présumait qu'on lui donnerait tort. Pourtant, il ne profita point de la leçon, et il continua à porter l'habit pareil à l'habit du Bouddha. Il se promenait par le Bois des bambous. De loin, on le prenait pour le Maître ; on se levait ; et dès qu'il approchait, on se mettait à rire, et l'on se rasseyait.

Un moine, enfin, alla trouver le Bouddha, et lui raconta l'affaire. Il fut très mécontent. Il réunit l'assemblée des moines, et il demanda devant elle à Nanda :

« Nanda, as-tu vraiment porté un habit de même mesure que le mien ?

— Oui, Bienheureux, répondit Nanda ; j'ai porté un habit de même mesure que le tien.

— Quoi ! répondit le Maître, un disciple se fait un vêtement de même mesure que le vêtement du Bouddha ? Que signifie pareille audace ? De tels actes ne sont guère propres à donner la foi à ceux qui ne l'ont pas encore, ni à la fortifier chez ceux qui l'ont déjà. Tu raccourciras ton vêtement, Nanda, et tout moine qui, désormais, se fera une robe à la mesure de la robe du Bouddha, ou plus grande que la robe du Bouddha, commettra une faute grave, et dont il sera sévèrement châtié. »

Nanda revint de son erreur, et il comprit que, pour être un vrai saint, il devait dompter son orgueil.

XX

Le Maître était dans un grand bois qui lui avait été donné près de la ville de Vaiçâî, quand il apprit son père, le roi Çouddhodana, venait de tomber malade. Le roi était très vieux, la maladie était grave, il allait mourir, on n'en pouvait douter, et le Maître, ayant résolu de le voir, prit, à travers l'espace, son vol vers Kapilavastou.

Le roi était couché tristement. Il avait le souffle haletant. La mort était toute proche. Pourtant, à la vue de son fils, il eut un sourire. Et le Maître parla :

« Tu as parcouru une longue route, ô roi, et, toujours, tu t'es efforcé vers le bien. Tu n'as pas connu les mauvais désirs, tu as été sans haine, et ton esprit n'a pas été aveuglé par la colère. Heureux celui qui du bien a fait sa coutume ! Quand on mire son visage dans une onde limpide, on est heureux si l'on n'y voit point de taches ; mais comme on est plus heureux encore quand, à l'examen de son esprit, on sent qu'il est pur ! Ton esprit est pur, ô roi, et ta mort est calme comme un beau soir.

— Bienheureux, dit le roi, je comprends aujourd'hui l'inconstance des mondes. Je suis délivré de tous les désirs ; je suis délivré des chaînes de la vie. »

Une fois encore, il rendit hommage au Bouddha. Puis il se tourna vers les serviteurs qui étaient dans la salle :

« Amis, leur dit-il, j'ai sans doute commis de graves offenses envers vous. Vous ne m'avez jamais manifesté la rancune que vous m'en gardiez : vous étiez des sages ; mais je ne veux pas mourir sans que vous m'ayez pardonné. Les offenses que je vous ai faites étaient involontaires : pardonnez-moi. »

Les serviteurs pleuraient. Ils murmuraient :

« Non, tu ne nous as jamais offensés, seigneur ! »

Çouddhodana reprit :

« Et toi, Mahâprajâpatî, toi qui fus ma pieuse compagne, toi que je vois tout en larmes, apaise ta douleur. Ma mort est une mort heureuse. Et songe à la gloire de l'enfant que tu as élevé ; contemple-le dans toute sa splendeur, et réjouis-toi. »

Il mourut. Le soleil se couchait.

Le Maître dit :

« Voyez tous le corps de mon père. Il n'est plus ce qu'il était. Nul n'a pu vaincre la mort. Qui est né doit mourir. Ayez du zèle pour les œuvres ; marchez dans le chemin qui mène à la sagesse. De la sagesse il faut se faire une lampe, et d'elles-mêmes s'évanouissent les ténèbres. On ne doit pas suivre les lois mauvaises, on ne doit pas planter les racines vénéneuses, on ne doit pas accroître le mal dans le monde. Comme le charretier qui a quitté le grand chemin pleure quand, dans un sentier inégal, il voit se rompre l'essieu, le fou qui s'est écarté de la loi pleure quand il tombe dans la gueule de la mort. Le sage est le flambeau qui éclaire l'ignorant ; il guide les hommes : il a des yeux, et les autres n'en ont point. »

On porta le corps sur un grand bûcher. Le Maître y mit le feu ; et, tandis que brûlait son père, tandis que gémissait le peuple de Kapilavastou, il répétait les vérités saintes :

« Douleur est la naissance, douleur la vieillesse, douleur la maladie, douleur la mort. Ô soif d'être conduit de naissance en naissance ! Soif de pouvoir, soif de jouir, soif d'être, soifs qui créez la douleur ! Soifs mauvaises, le saint vous ignore, le saint qui abolit en lui le désir, le saint qui sait les huit rameaux de la voie pure. »

TROISIÈME PARTIE

I

Mahâprajâpatî songeait. Elle avait compris la vanité du monde. Elle aurait voulu fuir son palais, fuir Kapilavastou, et mener une vie sainte.

« Que le Maître est heureux ! Que les disciples sont heureux ! pensait-elle. Que ne puis-je les suivre ? Que ne puis-je vivre comme ils vivent ? Mais ils repoussent les femmes. Nous ne sommes pas admises dans la communauté, et je dois rester dans cette ville, pour moi déserte, dans ce palais, vide à mes yeux, tristement ! »

Elle se désolait. Elle ne se vêtait plus de riches étoffes, elle donnait ses joyaux aux servantes, elle était humble devant les créatures.

Un jour, elle se dit :

« Le Maître est bon ; il aura pitié de moi. J'irai le trouver, et peut-être consentira-t-il à me recevoir dans la communauté. »

Le Maître était dans un bois, près de Kapilavastou. Mahâprajâpatî alla à lui, et, d'une voix timide, elle parla :

« Maître, toi seul et tes disciples pouvez être vraiment heureux. Je voudrais, comme toi, comme ceux qui t'accompagnent, marcher dans le chemin salutaire. Accorde-moi la grâce d'entrer dans la communauté. »

Le Maître resta silencieux. Elle reprit :

« Comment vivrais-je heureuse dans un monde que je n'aime plus ? J'ai compris maintenant combien ses joies sont fausses. Je n'aspire qu'à marcher dans le chemin salutaire. Accorde-moi la grâce d'entrer dans la communauté. Je sais d'autres femmes qui sont prêtes à m'imiter. Accorde-nous la grâce d'entrer dans la communauté. »

Le Maître resta silencieux encore. Elle reprit :

« Jamais je ne me plairai dans la royale demeure. La ville est pleine de ténèbres. Les voiles brodés me pèsent ; les diadèmes, les bracelets et les colliers me blessent. Il faut que je marche dans le chemin salutaire. Les femmes qui ne sont point frivoles, les femmes pieuses sont prêtes à m'imiter. Accorde aux femmes la grâce d'entrer dans la communauté. »

Pour la troisième fois, le Maître resta silencieux.

Mahâprajâpatî, les yeux en larmes, rentra dans son triste palais.

Elle ne put s'habituer à sa défaite, et elle résolut d'aller, de nouveau, trouver le Maître, et de l'implorer encore.

Il était alors dans le grand bois près de Vaiçâlî. Mahâprajâpatî se fit couper les cheveux, elle se vêtit d'une étoffe commune, de couleur rougeâtre, et elle prit la route de Vaiçâlî.

Elle accomplit le voyage à pied ; elle en supporta, sans gémir, la fatigue. Toute poudreuse, elle s'arrêta devant la salle où méditait le Bouddha ; elle n'osait en franchir le seuil. Elle était là, debout, de grosses larmes dans les yeux. Or, Ananda vint à passer. Il la vit, et lui demanda :

« Pourquoi, reine, es-tu venue ici, vêtue de la sorte ? Et que fais-tu devant la porte du Maître ?

— Je n'ose paraître devant lui. Déjà, par trois fois, il a rejeté ma prière, et ce que, par trois fois, il m'a refusé, je viens le lui demander encore. Qu'il m'accorde la grâce, qu'il accorde aux femmes la grâce d'entrer dans la communauté.

— J'intercéderai pour toi, reine, » dit Ananda.

Il entra dans la salle. Il vit le Maître. Il lui dit :

« Bienheureux, Mahâprajâpatî, notre reine vénérée, est là-bas, devant ta porte. Elle n'ose pas se montrer à tes yeux : elle craint que, cette fois encore, tu ne restes sourd à sa prière. Cette prière, pourtant, n'est point d'une folle : que t'en coûterait-il de l'exaucer ? Jadis, la reine eut pour toi des soins maternels ; elle te fut toujours bonne, elle est digne que tu l'écoutes. Pourquoi ne recevrais-tu pas de femmes dans la communauté ? Il y a des femmes très pieuses qui, par un saint courage, sauraient tenir la route pure.

— Ananda, dit le Maître, ne souhaite pas que les femmes entrent dans la communauté. »

Ananda sortit. La reine l'avait attendu.

« Qu'a dit le Maître ? fit-elle, anxieuse.

— Il repousse ta prière. Mais ne désespère pas. »

Le lendemain, Ananda revit le Bienheureux.

« Mahâprajâpatî n'a point quitté le bois, dit-il. Elle songe au temps fleuri de sa jeunesse. Mâyâ était vivante, elle était belle entre toutes les femmes ; elle allait avoir un fils ; sa sœur, qui était trop noble pour connaître l'envie, aimait déjà l'enfant avant même qu'il fût né. Il naquit pour la joie du monde, et la reine Mâyâ mourut. Mahâprajâpatî fut douce à celui qui restait sans mère ; il semblait frêle encore, elle le protégea des intempéries, elle lui donna des nourrices zélées, elle éloigna de lui les servantes mauvaises, elle lui prodigua les soins et les tendresses. Il grandit et jamais elle ne l'abandonna. Elle prévenait ses moindres désirs, elle l'adorait. Il a atteint la plus heureuse fortune, il est l'arbre géant qui abrite les sages ; elle demande une place, la plus humble, à son ombre, et voici qu'on lui refuse le repos où elle aspire. Ô Maître, ne sois pas injuste : reçois Mahâprajâpatî dans la communauté. »

Le Maître réfléchit, puis il parla d'une voix grave :

« Écoute, Ananda. Va trouver Mahâprajâpatî, et dis-lui que je veux bien la recevoir dans la communauté, mais il faut qu'elle accepte une règle très dure. Voici les observances que j'impose aux femmes dans la communauté : une nonne, quand elle serait nonne depuis cent ans, doit devant un moine, quand il serait moine du jour même, se lever et donner toutes les marques du plus profond respect ; les nonnes auront à s'adresser aux moines pour la confession publique de leurs fautes et pour l'enseignement de la parole sainte ; les nonnes coupables d'une faute grave subiront, pendant quinze jours, une peine appropriée, devant la communauté tout entière, moines et nonnes ; pour que les nonnes soient admises dans la communauté, il faudra que, pendant deux ans aient été éprouvées leur constance et leur vertu ; les nonnes ne pourront point adresser d'exhortations aux moines, mais les moines pourront adresser des exhortations aux nonnes.

Voilà les observances qu'aux observances des moines devront ajouter les nonnes. »

Mahâprajâpatî, tout heureuse, promit d'observer la règle qu'on lui imposait. Elle entra dans la communauté, et, quelques mois après, les femmes étaient déjà nombreuses qui avaient suivi son exemple.

Mais, un jour, le Maître dit à Ananda :

« Si les femmes n'avaient pas été admises dans la communauté, Ananda, la chasteté aurait longtemps été gardée, et la vraie foi aurait vécu, forte et sereine, pendant mille ans. Mais les femmes sont admises dans la communauté, la chasteté périclitera, et la vraie foi ne vivra dans toute sa force que pendant cinq cents ans. »

II

De Vaiçâlî, le Maître alla à Çrâvastî, dans le parc de Jéta.

Un jour, le roi Prasénajit vint le visiter.

« Seigneur, dit le roi, six ascètes, qui ne suivent point ta loi, sont arrivés naguère à Çrâvastî. Ils prétendent m'émerveiller par des prodiges sans nombre, et ils affirment que ta science n'égale point la leur. Je crois mensongers les dires de ces hommes, mais il importe, Seigneur, que tu confondes leur audace. Le salut des créatures dépend de ta gloire. Parais donc, et réduis au silence les fourbes et les imposteurs. »

— Roi, répondit le Bouddha, ordonne qu'une grande salle soit construite, près de la ville. Qu'elle soit achevée dans sept jours. Je m'y rendrai ; toi, fais que s'y rendent les mauvais ascètes. Tu verras alors qui, d'eux ou de moi, accomplit les plus grands prodiges. »

Prasénajit donna l'ordre de construire la salle.

Les ascètes menteurs, en attendant le jour de l'épreuve, tentaient de circonvenir les fidèles du Maître, et ils en voulaient à tous ceux qui les éconduisaient. Or, le Maître n'avait pas, à Çrâvastî, d'ami plus sûr qu'un frère de Prasénajit, le prince Kâla. Kâla avait manifesté aux six ascètes le plus vif mépris : ils avaient résolu de se venger cruellement.

Kâla était très beau, et, un jour qu'il traversait le jardin royal, une femme de Prasénajit, qui s'y promenait, lui jeta, par jeu, une guirlande de fleurs. Les ascètes apprirent l'aventure, et ils dirent au roi que son frère avait voulu séduire une de ses femmes. À cette nouvelle, le roi fut pris de fureur, et, sans permettre à Kâla de se justifier, il lui fit couper les mains et les pieds.

Le malheureux Kâla se lamentait ; ses amis pleuraient autour de lui. Un des ascètes méchants vint à passer.

« Montre ta puissance, lui cria-t-on. Tu sais que Kâla est innocent. Guéris-le !

— Il croit au fils des Çâkyas, répondit l'ascète. C'est au fils des Çâkyas qu'il appartient de le guérir. »

Alors, Kâla se mit à chanter :

« Comment le Maître des mondes ne voit-il pas ma misère ? Adorons le Seigneur qui n'a plus de désir, le Bienheureux qui prend pitié des créatures ! »

Et tout à coup, Ananda se dressa devant lui :

« Kâla, dit-il, le Maître m'a enseigné les paroles qui te guériront. »

Il récita quelques vers et aussitôt le prince se retrouva en pleine santé.

« Ah, s'écria-t-il, je servirai désormais le Maître. Qu'il me charge des plus viles besognes : pour lui plaire, je m'en acquitterai avec joie. »

Et il suivit Ananda vers le parc de Jéta. Le Maître l'accueillit avec faveur et il l'admit dans la communauté.

Le jour arriva où le Maître devait se mesurer avec ses adversaires. Dès le matin, le roi Prasénajit se rendit à la salle qu'il avait fait construire. Les six ascètes étaient déjà là. Ils se regardaient en souriant.

« Roi, dit l'un d'eux, nous sommes les premiers au rendez-vous.

— Celui que nous attendons viendra-t-il seulement ? ajouta un autre.

— Ascètes, dit le roi, ne le raillez pas. Vous savez comment, par son ordre, un de ses disciples a guéri mon frère, que j'avais condamné injustement. Il viendra. Peut-être même, sans que nous le sachions, est-il déjà parmi nous. »

Comme le roi se taisait, une nuée lumineuse envahit la salle. Elle se fit de plus en plus légère, elle se fondit dans la clarté du jour, et, parmi des rayons d'or, apparut le Bouddha. Derrière lui se tenaient Ananda et Kâla : Ananda avait à la main une fleur rouge, Kâla une fleur jaune et jamais on n'avait vu, dans les jardins de Çrâvastî, s'épanouir de fleurs pareilles à l'une ni à l'autre.

Prasénajit admirait. Les ascètes méchants ne riaient plus.

Le Bienheureux parla :

« Le ver luisant brille aux regards tant que se cache le soleil, mais aussitôt qu'éclate l'astre, le ver misérable s'éteint. Les imposteurs parlaient très haut tant que se taisait le Bouddha ; mais voici que le Bouddha parle, et, pleurant de peur, ils se taisent. »

Les ascètes étaient pleins d'inquiétude. Ils sentaient que le roi n'avait pour eux que du mépris, et ils baissaient la tête avec honte.

Tout à coup, le toit de la salle disparut, et, sur la voûte du ciel, d'orient en occident, le Maître traça un large chemin qu'il se mit à parcourir. En voyant ce prodige, le plus insolent des adversaires s'enfuit de terreur ; longtemps, il courut ; il se croyait poursuivi par une meute hurlante ; il arriva sur le bord d'un étang, et, une pierre au cou, se jeta dans l'eau. Un pêcheur, le lendemain, retrouva son corps.

Le Maître, cependant, avait créé un double de lui-même, avec qui il allait sur le chemin céleste. Et l'on entendit sa grande voix qui disait :

« Ô mes disciples, je monte au séjour des Dieux et des Déesses. Mâyâ, ma mère, m'y réclame : je dois lui enseigner la loi. Trois mois je resterai près d'elle. Tous les jours pourtant, je descendrai sur terre, et Çâripoutra, seul, saura où me trouver ; d'après mes ordres, il réglera votre conduite. Et, à l'heure où je serai loin du ciel, je laisserai avec ma mère, pour qu'il l'instruise, cet être, que je viens de créer à mon image. »

III

Quand, au bout de trois mois, il descendit du ciel, le Maître prit la route de Çrâvastî. Il approchait du parc de Jéta quand il fut croisé par une jeune fille. Cette jeune fille était la servante d'un riche habitant de la ville qui, ce jour-là, était allé aux champs ; elle lui apportait pour son repas un vase plein de riz. À la vue du Bouddha, elle se sentit toute joyeuse.

« C'est le Maître, pensait-elle, c'est le Bienheureux. Je le vois, je suis tout près de lui. Ah, quel saint plaisir j'aurais à lui faire une aumône ! Mais je n'ai rien à moi. »

Elle soupira. Ses regards tombèrent sur le vase de riz :

« Ce riz… Le repas de mon maître… Mon maître ne peut réduire en esclavage une esclave. Il peut me frapper : que m'importent les coups ? Il peut m'enchaîner : les chaînes me seront légères. Je donnerai le riz au Bienheureux. »

Elle fit ce qu'elle avait décidé. Le Bienheureux entra dans le parc de Jéta, et la jeune fille, les yeux pleins de sourires, alla trouver son maître.

« Et mon riz ? lui demanda-t-il, du plus loin qu'il l'aperçut.

— Je l'ai donné en aumône au Bouddha. Châtie-moi, si tu veux ; je n'aurai point de larmes, tant mon acte me rend joyeuse. »

L'homme ne punit pas la jeune fille. Il baissa la tête et il dit :

« Non, je ne te punirai pas. Je dors et tu veilles. Va : d'aujourd'hui, tu n'es plus esclave. »

La jeune fille salua l'homme.

« Si tu me le permets, dit-elle, j'irai dans le parc de Jéta, et je solliciterai du Bienheureux la faveur d'être instruite dans la loi.

— Va, » dit l'homme.

Elle alla au parc de Jéta, elle écouta les leçons du Bouddha et elle devint une des plus saintes parmi les femmes de la communauté.

En même temps que la jeune esclave, Souprabhâ entendait l'enseignement du Bienheureux. Souprabhâ était la fille d'un des hommes les plus considérables de Çrâvastî. Elle était si belle qu'on ne pouvait la voir sans l'aimer, et tous les jeunes gens qui tenaient quelque rang dans la ville la voulaient pour femme. Son père se demandait souvent : « À qui la donnerai-je ? De tous ceux à qui je la refuserai je me ferai des ennemis. »

Et, de longues heures, il demeurait pensif.

Un jour, elle lui demanda :

« Père chéri, tu sembles soucieux. Pourquoi ?

— Ah, ma fille, répondit-il, c'est toi seule qui causes mes soucis. Combien sont-ils dans Çrâvastî, qui te veulent pour femme ?

— Tu crains de choisir parmi ceux qui m'aiment, dit Souprabhâ. Les malheureux ! Ils ne savent guère où vont mes pensées ! Sois sans inquiétude, mon père. Ordonne-leur de s'assembler, et, suivant l'ancienne coutume, j'irai parmi eux, et je désignerai celui qui sera mon époux.

— C'est bien, ma fille, j'agirai d'après ton désir. »

Le père de Souprabâ fut reçu par le roi Prasénajit, et il obtint qu'un héraut proclamât par la ville :

« Dans sept jours, aura lieu l'assemblée des jeunes hommes qui prétendent à Souprabhâ ; la jeune fille choisira elle-même son époux. »

Le septième jour, les prétendants, en grand nombre, se réunirent dans un jardin magnifique que possédait le père de Souprabhâ. Elle parut ; elle était sur un char, et elle avait à la main un étendard jaune où était peinte l'image du Bienheureux. Elle chantait ses louanges. Tous la regardaient avec stupeur, et se demandaient : « Que va-t-elle nous dire ? »

Elle parla enfin aux jeunes hommes :

« Je ne puis aimer aucun de vous, mais ne croyez pas que je vous méprise. L'amour n'est pas le but de ma vie ; c'est auprès du Bouddha que je veux me réfugier. J'irai dans le parc où il séjourne, et de lui j'apprendrai la loi. »

Les jeunes gens se retirèrent pleins de tristesse, et Souprabhâ se rendit au parc de Jéta. Elle entendit la parole du Bienheureux ; elle fut admise dans la communauté, et il n'y avait point de nonne qui fut plus zélée qu'elle.

Un jour qu'elle était sortie des pieux jardins, elle fut reconnue par un de ceux qui l'avaient aimée. Il avait avec lui quelques amis.

« Il faut, dit-il, que nous enlevions cette femme. Je l'ai aimée, je l'aime encore, elle m'appartiendra. »

Les amis applaudirent au projet du jeune homme. Souprabhâ fut entourée, sans qu'elle s'aperçût de rien, et, tout à coup, on se précipita sur elle. Mais, comme on allait la saisir, elle envoya sa pensée vers le Bouddha, et aussitôt elle s'éleva dans les airs. Le peuple accourait ; Souprabhâ, quelque temps, plana sur lui, puis, d'un vol majestueux et pur comme le vol des cygnes, elle regagna la demeure sacrée.

Et des cris montaient vers elle :

« Sainte, ô sainte, tu nous rends manifeste la puissance des fidèles, la puissance du Bouddha. Sainte, ô sainte, il ne serait pas juste que tu fusses condamnée aux mortels plaisirs de l'amour. »

IV

Le roi Prasénajit avait une fille nommée Viroupâ. Elle était en âge d'être mariée. Malheureusement, elle était fort laide, et il n'y avait ni prince ni guerrier qui consentit à la prendre pour femme. Les marchands mêmes la dédaignaient.

Or, un riche étranger, du nom de Ganga, vint s'établir à Çrâvastî. Le roi pensa : « Ce Ganga n'a jamais vu ma fille. Peut-être ne la refusera-t-il pas. » Et il le manda au palais.

Ganga fut très flatté de l'offre que lui fit Prasénajit. Il était pauvre de naissance, il s'était enrichi par le commerce, et jamais il n'avait songé qu'il pût épouser une princesse. Il accepta donc le mariage proposé.

« Eh bien, dit le roi, tu viendras cette nuit même au palais et tu emmèneras ma fille dans ta demeure. »

Ganga obéit. La nuit était obscure, et le mariage se fit sans que le fiancé eût vu la fiancée. Viroupâ suivit Ganga dans sa maison.

Le lendemain, le mari vit sa femme. Elle l'effraya par sa laideur. Il eut bien voulu la chasser, il n'osa ; il craignait la vengeance du roi. Il la garda chez lui, mais il l'enferma étroitement ; elle ne pouvait sortir, pour quelque raison que ce fût.

Elle était très malheureuse. Elle donnait en vain à son mari des signes constants d'affection, il ne lui témoignait qu'horreur et mépris. Il ne la regardait point. Il lui parlait à peine. Et Viroupâ sentait qu'elle était seule dans le monde.

Un jour, Ganga fut invité à une fête que donnaient certains de ses amis. « Qui n'amènera pas sa femme, disait-on, paiera une amende de cinq cents pièces d'or. »

Ganga résolut d'aller à la fête : sa vie quotidienne n'était pas des plus gaies. Mais il ne voulait point montrer Viroupâ à ses amis ; il avait peur d'être raillé. « Je paierai les cinq cents pièces d'or, pensa-t-il, et l'on ne se moquera pas de moi. »

Ce jour-là, Viroupâ fut encore plus triste que de coutume. Elle savait où son mari était allé. Elle pleura. Elle se dit :

« À quoi sert une vie aussi morne que la mienne ? Je n'ai jamais le moindre plaisir. Je suis pour mon mari un objet de dégoût. Et je ne puis pas lui en vouloir de me haïr : je suis laide, on ne me l'a jamais caché. Il n'est personne à qui j'aie donné de la joie. Mieux vaut m'en aller de la terre. Je me répugne à moi-même. La mort me sera douce. Je me tuerai. »

Elle prit une corde et se pendit.

Au parc de Jéta, le Maître, en ce moment même, se demandait : « Quels sont, aujourd'hui, ceux qui souffrent dans Çrâvastî ? Qui ai-je à tirer de la misère ? À quel malheureux irai-je tendre la main ? »

Et, par sa puissance divinatrice, il sut la détresse de Viroupâ. Il vola vers la maison de Ganga, il y entra. Viroupâ vivait encore. Le Maître détacha la corde qu'elle s'était mise au cou. Elle respira profondément, elle regarda autour d'elle, elle reconnut celui qui la sauvait. Elle se prosterna devant le Maître et lui fit une pieuse aumône. Alors, il dit :

« Prends un miroir, Viroupâ. »

Elle obéit, et elle eut un cri de surprise et de joie. Elle était belle comme une fille des Dieux. Elle voulut encore adorer le Bouddha. Mais il avait disparu.

Cependant, Ganga n'avait pas évité les moqueries de ses compagnons.

« Pourquoi n'as-tu pas amené ta femme à la fête ? lui disaient-ils. C'est, sans doute, que tu as peur de la montrer. Il faut donc qu'elle soit d'une grande beauté. Tu n'es qu'un jaloux ! »

Ganga ne savait que répondre. La fête ne le divertissait guère. Un de ses amis lui tendit une coupe pleine d'une liqueur enivrante :

« Bois, Ganga, cria-t-il. Nous rions et tu pleures presque. Ris avec nous. Bois : cette liqueur t'apprendra à rire. »

Ganga prit la coupe. Il but. Il commença à s'animer. Il but encore. Bientôt, il fut ivre. Il buvait toujours, et, enfin, il tomba dans un lourd sommeil.

« Courons chez lui, pendant qu'il dort, se dirent ses amis. Nous verrons sa femme, et nous saurons pourquoi il nous la cache. »

Ils entrèrent dans la maison de Ganga. Viroupâ tenait son miroir, elle s'y regardait. Ses yeux avaient des flammes heureuses. Ceux qui venaient de la fête l'admirèrent, ils sortirent doucement, et ils pensaient : « Nous comprenons maintenant la jalousie de Ganga. »

Ganga dormait toujours. On le réveilla. On lui dit :

« Grande est ta félicité, ami. Par quels actes agréables aux Dieux as-tu obtenu cette femme d'une si pure beauté ?

— Vraiment, s'écria Ganga, cette raillerie passe toutes les autres. Que vous ai-je fait pour que vous m'insultiez si cruellement ? »

Et, brusquement, il s'en alla. Il brûlait de chagrin et de colère. D'une main rude, il ouvrit sa porte ; il avait à la bouche des paroles injurieuses ; et, tout à coup, il se tut. Il était blême de stupeur. Il avait devant lui la plus belle des femmes, et elle souriait. Peu à peu, il revint à lui ; il se mit aussi à sourire, et il interrogea :

« Ô toi qui m'apparais radieuse comme une Déesse parmi les fleurs, ô bien-aimée, qui t'a faite si belle ? »

Viroupâ dit son aventure. De ce jour, elle et son mari connurent le bonheur, et, tous deux, ils cherchaient sans cesse les occasions de prouver au Bouddha leur foi reconnaissante.

V

Cependant, les mauvais ascètes que le Bouddha avait convaincus d'imposture se voyaient méprisés du peuple, et, chaque jour, croissait leur désir de vengeance. Ils s'étaient établis près du parc de Jéta : jour et nuit, ils épiaient les actes du Maître et des disciples ; mais, quoiqu'ils fissent, ils n'avaient pu trouver prétexte à la moindre calomnie.

Un des ascètes dit enfin à ses compagnons :

« Voilà longtemps que nous observons la conduite de ces moines. On ne peut contester leur vertu. Il faut pourtant que nous les perdions dans l'esprit du peuple. Je crois savoir le moyen d'y réussir. Je connais une jeune fille, gracieuse entre toutes, et fort habile à forger des ruses. Elle s'appelle Ciñcâ. Elle ne refusera pas de nous venir en aide, et bientôt périra la gloire du Çâkya. »

Les ascètes mandèrent Ciñcâ.

« Que voulez-vous de moi ? dit-elle.

— Tu connais le moine de Kapilavastou, celui qu'on vénère comme Bouddha ? »

— Je ne le connais point, mais je sais que sa renommée est grande. On m'a raconté de nombreux prodiges qu'il aurait faits.

— Cet homme, Ciñcâ, est notre plus cruel ennemi. Il nous traite indignement et il aspire à tuer notre pouvoir. Or, tu as foi en nous : lève-toi et prends notre défense. Elle pourra s'enorgueillir, celle qui aura vaincu le vainqueur ; elle sera illustre parmi les femmes, et le monde entier l'acclamera. »

Ciñcâ fut séduite par les paroles des ascètes ; elle promit que bientôt le Bouddha serait, par toute la terre, honni et haï.

Tous les jours, à l'heure où sortaient ceux qui avaient écouté l'enseignement du Maître, elle allait vers le parc de Jéta. Elle était vêtue d'un rouge éclatant, et elle avait les mains pleines de fleurs. Si, par hasard, on lui demandait : « Où vas-tu ? » elle répondait : « Que t'importe ? » Arrivée près du parc, elle attendait un moment où elle fut solitaire ; alors, loin d'entrer dans le domaine du Bouddha, elle se dirigeait vers la demeure des ascètes méchants. Là, elle passait la nuit ; mais, dès l'aube, elle se rendait à la porte du parc : elle faisait que les fidèles matineux l'aperçussent, puis, à pas lents, elle s'éloignait, et à ceux qui lui demandaient : « D'où viens-tu si matin ? » elle répondait : « Que vous importe ? »

Au bout d'un mois, elle changea ses réponses. Elle disait le soir : « Je vais au parc de Jéta, où le Bienheureux m'attend, » et, le matin : « Je viens du parc de Jéta, où j'ai passé la nuit avec le Bienheureux. » Et il y avait de pauvres gens qui étaient assez naïfs pour la croire et qui soupçonnaient d'impureté le Maître.

Le sixième mois, elle s'enveloppa le ventre de linges. « Elle est enceinte, » pensait-on. Et les simples prétendaient que la vertu du Maître n'était que faux semblant.

Quand arriva le neuvième mois, elle s'attacha sur le ventre une boule de bois ; elle ne marcha plus qu'avec langueur. Et, un soir, elle entra dans la salle où le Maître enseignait la loi. Elle le regarda hardiment et l'interrompit d'une voix mordante :

Tu enseignes la loi au peuple, et ta voix est douce, et ta bouche est mielleuse ! Moi, cependant, qui suis enceinte par ta faute, moi, dont l'enfant est près de naître, je n'ai pas de chambre où accoucher ! Tu ne me donnes même pas l'huile ni le beurre nécessaires. Si tu rougissais, maintenant, de t'occuper de moi, tu pourrais au moins me confier à quelqu'un de tes disciples, ou au roi Prasénajit, ou au marchand Anâthapindika. Mais, non ! Je ne compte plus pour toi, et tu ne te soucies guère de l'enfant qui va naître ! De l'amour tu veux bien connaître les plaisirs, mais tu veux ignorer les charges !

— Mens-tu ou non ? Il n'y a que toi et moi qui le sachions, Ciñcâ, dit le Maître sans se troubler.

— Tu sais bien que je ne mens pas, » cria Ciñcâ.

Le Maître ne se départait point de son calme. Or, du ciel, Indra voyait tout. Il jugea que le temps était venu de confondre l'impudence de Ciñcâ. Quatre Dieux prirent la forme de souris. Ils se glissèrent sous sa robe et rongèrent la corde qui retenait la boule de bois. La boule tomba sur le sol.

« Voilà ton enfant né, » dit en riant le Maître.

Les fidèles se tournèrent avec rage contre Ciñcâ. On l'insultait, on lui crachait au visage, on la frappait. Elle s'enfuit. Elle pleurait de douleur, de honte et de colère. Et tout à coup, autour d'elle, jaillirent des flammes rouges, robe ardente ; et l'on vit périr durement la femme qui avait calomnié le Bouddha.

VI

Le Maître quitta le parc de Jéta. Il s'arrêtait dans les villes et les villages, et il y enseignait la loi. Et nombreux étaient ceux qui venaient à la vraie foi.

Un jour, le Maître fut invité par un vieillard et sa femme à prendre un repas chez eux.

« Seigneur, dit le vieillard, voilà longtemps que nous désirions entendre ta parole. Nous sommes heureux, maintenant que nous connaissons les vérités saintes, et tu n'auras pas d'amis plus pieux que nous.

— Je ne m'en étonne point, répondit le Bouddha. Vous et moi, dans nos anciennes existences, fûmes de proches parents.

— Maître, dit la femme, nous sommes unis tous deux depuis la première jeunesse ; tu nous vois parvenus à la vieillesse extrême. La vie ne nous fut point mauvaise. Jamais la moindre querelle ne nous a divisés, nous nous aimons comme aux jours d'autrefois, le soir nous est aussi doux que le matin. Accorde-nous, Seigneur, de nous aimer dans notre prochaine existence comme nous nous sommes aimés dans celle-ci.

— Votre prière sera exaucée, dit le Maître ; les Dieux vous ont protégés ! »

Il continua sa route. Une vieille, au bord du chemin, tirait de l'eau d'un puits. Il s'approcha d'elle :

« J'ai soif, dit-il. Veux-tu me donner à boire ? »

La vieille le regarda longuement. Elle était tout émue. Elle se mit à pleurer, et elle voulait embrasser le Maître. Mais elle n'osait pas, et ses larmes coulaient, plus abondantes.

« Embrasse-moi, » dit-il.

La vieille se jeta dans ses bras, et elle murmurait :

« Je mourrai dans la joie ; j'ai vu le Bienheureux, et il m'a été donné de l'embrasser. »

Il passa. Il arriva dans une forêt profonde. Là, vivait, avec des gardiens, un troupeau de buffles. Un de ces buffles était très fort. Il était méchant. Il pouvait à peine supporter ses gardiens, et dès qu'il sentait l'approche d'un homme autre qu'eux, il se préparait à combattre. Quand il le voyait il l'attaquait, et il était rare que, de ses cornes, il ne le blessât pas cruellement ; souvent, il le tuait.

Les gardiens aperçurent le Bienheureux qui s'avançait tranquillement et ils lui crièrent :

« Prends garde, passant. Évite-nous. Il y a ici un buffle féroce. »

Mais il ne tint aucun compte de leur avertissement. Il allait droit où paissait le buffle.

Tout à coup le buffle dressa la tête ; il renifla bruyamment, puis, les cornes en bataille, il courut sur le Maître. Les gardiens tremblaient : « Nos voix étaient trop faibles, se disaient-ils ; on ne nous a pas entendus. » Et, soudain, ils virent la bête s'arrêter ; elle s'agenouillait devant le Maître et lui léchait les pieds. Elle avait des regards contrits.

Le Maître caressa le buffle ; il lui parla d'une voix douce :

« Dis-toi que rien n'est stable dans le monde ; il n'y a de calme qu'au nirvana. Ne pleure pas. Aie foi en moi, en ma bonté, en ma compassion, et ta condition changera. Tu ne renaîtras pas parmi les animaux, et, avec le temps, tu parviendras au ciel où habitent les Dieux. »

De ce jour-là, le buffle fut d'une extrême docilité. Et les gardiens, qui avaient dit au Maître leur admiration et qui lui avaient fait les aumônes qu'ils avaient pu, furent instruits dans la loi et devinrent pieux entre les pieux.

VII

Le Maître arriva dans la ville de Kauçâmbî, et là, d'abord, il fut heureux. Les habitants écoutaient sa parole avec empressement, et nombreux étaient ceux qui prenaient l'état de moine. Le roi Oudayana fut parmi les croyants, et il laissa son fils Râshtrapâla entrer dans la communauté.

C'est à Kauçâmbî pourtant que le Maître éprouva une de ses grandes tristesses. Un moine commit un jour une faute ; il en fut réprimandé ; la faute était peu grave, il ne voulut pas se reconnaître coupable ; on lui infligea un châtiment, il refusa de s'y soumettre. Comme il était aimable et que sa conversation était fine et savante, il trouva sans peine des défenseurs. Vainement, on voulut le ramener dans le droit chemin.

« Ne prends pas cet air suffisant, lui disait-on ; ne te crois pas incapable d'erreur ; écoute les bons conseils ; parle aux autres moines comme il sied de parler à ceux qui professent la foi qui est la tienne ; ils te parleront comme il sied de parler à celui qui professe la foi qui est la leur. La communauté ne peut croître, ne peut fleurir que si les moines s'instruisent les uns les autres.

— Vous n'avez pas à m'apprendre le bien et le mal, répondait-il. Cessez donc de me réprimander.

— Ne dis pas cela. Tu ne parles pas selon la loi. Tu enfreins la discipline ; tu sèmes la discorde dans la communauté. Change de conduite. Vis en paix avec la communauté. Évite les querelles ; sois fidèle à la loi. »

Rien n'y fit. Et l'on décida que le rebelle serait exclu de la communauté. Cette fois encore, il décida qu'il n'obéirait point, et qu'il resterait parmi les moines : puisqu'il était innocent, il n'avait point à subir une peine injuste.

Le Maître finit par intervenir dans la dispute. Il essaya de calmer les esprits ; il conjura les moines d'oublier mutuellement leurs griefs et de s'unir, comme auparavant, pour l'œuvre sainte. On ne l'écouta pas. Un jour même, un moine fut assez hardi pour lui dire :

« Reste tranquille, ô Maître, ne nous importune point de tes discours ; tu es parvenu à connaître la loi, médite-la ; tes méditations te seront pleines de charmes. Nous, nous saurons bien où aller ; nos querelles ne nous empêcheront pas de trouver notre chemin. Médite, et tais-toi. »

Le Maître ne s'irrita point. Il voulut parler. On l'en empêcha. Il vit alors qu'il n'aurait pas raison des moines de Kauçâmbî : ils semblaient tous en proie à quelque folie subite. Le Maître résolut de les abandonner, mais, d'abord, il leur dit :

« Heureux qui possède un ami fidèle, heureux qui possède un ami subtil. Quels obstacles ne vaincront pas deux amis dont l'esprit est sage ? Mais qui n'a point d'ami fidèle ressemble à un roi sans royaume : qu'il marche, celui-là, dans l'âpre solitude, pareil à l'éléphant dans la forêt farouche. Mieux vaut voyager seul qu'accompagné d'un fou. Que l'homme sage suive un sentier solitaire, qu'il évite le mal et qu'il garde le calme, pareil à l'éléphant dans la forêt farouche. »

On le laissa partir. Et il alla dans un village, où il savait trouver son disciple Bhrigou. Bhrigou l'accueillit avec joie, et il fut quelque peu réconforté. Puis, Anourouddha, Nanda et Kimbila le rejoignirent. Ils lui donnèrent des marques nombreuses de respect et d'amitié ; ils étaient unis entre eux. Et le Maître pensait : « Il en est donc parmi mes disciples, qui m'aiment et qui ne se querellent pas. »

Un jour, pourtant, il s'assit à l'ombre d'un arbre, et il songea aux tumultes de Kauçâmbi. Près de lui s'arrêta une harde d'éléphants ; le plus grand allait à la rivière prochaine ; il y puisait de l'eau qu'il apportait aux autres ; ils burent, puis, au lieu de remercier celui qui leur avait rendu service, ils le raillèrent, ils le frappèrent de leurs trompes, et, enfin, ils le chassèrent. Et le Maître se dit que son sort ressemblait à celui de l'éléphant : tous deux étaient victimes d'une grossière ingratitude. L'éléphant vit sa tristesse ; il vint à lui, il le regarda doucement, et il lui chercha à manger et à boire.

Le Maître regagna enfin Çrâvastî, et, dans le parc de Jéta, il goûta quelque repos.

Mais il ne pouvait penser sans affliction aux cruels moines de Kauçâmbî. Or, un matin, il les vit entrer dans le parc. Leur détresse était extrême : on ne leur faisait plus la moindre aumône, tant indignait le traitement qu'ils avaient infligé au Maître. Aussi venaient-ils implorer leur pardon. Le moine fautif reconnut que sa cause était mauvaise ; il subit un bref châtiment ; ses adversaires, comme ses amis, avouèrent leurs erreurs ; tous promirent d'observer étroitement les règles. Et le Maître fut tout joyeux : il n'y avait plus de querelle dans la communauté.

VIII

Il alla, un jour, revoir le pays de Râjagriha.

Un brahmane, nommé Bhâradvâja, s'était établi aux champs, non loin de la ville. On était au temps de la moisson, et le brahmane, avec ses serviteurs, célébrait une fête paisible. On riait et l'on chantait. Le Maître passa, il tendait son vase à aumônes ; certains le reconnaissaient, ils le saluaient, et ils lui faisaient des dons affectueux. Bhâradvâja en fut mécontent ; il vint à lui, et, d'une voix assez rude, il lui dit :

« Ne reste pas parmi nous, moine ; ta vie n'est pas d'un bon exemple. Nous travaillons, nous ; nos yeux actifs observent les saisons ; au jour voulu, mes serviteurs labourent, au jour voulu, ils sèment ; je laboure et je sème avec eux ; et l'heure vient où nous récoltons le fruit de nos travaux. Nous nous donnons, nous-mêmes, notre nourriture, et, quand nous l'avons engrangée, nous nous reposons à bon droit et nous nous réjouissons. Toi, tu cours les rues et les routes, et la seule peine que tu daignes prendre est de présenter un vase à ceux que tu rencontres. Mieux vaudrait pour toi travailler, mieux vaudrait labourer et semer. »

Le Maître répondit en souriant :

« Comme toi, ami, je laboure et je sème ; et, le travail accompli, je mange.

— Tu laboures ? tu sèmes ? reprit Bhâradvâja. Comment te croirai-je ? Où sont tes bœufs ? Où sont tes grains ? Où est ta charrue ? »

Le Maître dit alors :

« La pureté de la connaissance, voilà le grain illustre que je sème. Les œuvres saintes sont la pluie qui féconde le sol où il germe. Je pousse une charrue puissante : elle a pour soc la sagesse et pour manche la loi ; un bœuf solide y est attelé : la foi qui agit. Dans les champs que je laboure meurt l'herbe mauvaise, le désir, et j'ai la plus belle des récoltes, le nirvâna. »

Il continua son chemin, mais le brahmane Bhâradvâja le suivit, décidé, maintenant, à écouter sa parole.

Quand ils entrèrent dans la ville, le peuple, sur une place, admirait une troupe de danseurs. La fille du chef attirait surtout les regards. Elle était belle et gracieuse entre les femmes, et, des qu'elle paraissait, ceux qui ne s'étaient point domptés brûlaient de connaître tout son amour. Elle s'appelait Kouvalayâ.

Elle venait de danser. Les yeux de tous étaient ardents. Elle n'ignorait rien de sa puissance, et, pleine d'audace et d'orgueil, elle cria à la foule :

« Admirez-moi, seigneurs ! Y a-t-il dans Râjagriha, un être dont la beauté surpasse, égale même la beauté de Kouvalaya ?

— Oui, femme, répondit le brahmane Bhâradvâja ; qu'est ta beauté au prix de la beauté du Maître ?

— Je veux voir ce Maître si beau, reprit Kouvalayâ, qu'on me mène devant lui.

— Le voici, » dit le Bienheureux.

Et il s'avança.

La danseuse le regarda longuement.

« Tu es beau, dit-elle enfin. Je danserai pour toi. »

Elle dansa. La danse fut lente d'abord. Kouvalayâ s'était enveloppée de tous ses voiles ; à peine soupçonnait-on l'éclat de son visage : on songeait aux nuits où la reine des étoiles reste sous de tendres nuages. Un nuage s'envola, de légers rayons brillèrent. La danse se faisait plus rapide ; un à un, les voiles tombaient, l'astre apparaissait dans sa gloire. La femme tourbillonnait ; une grande lumière éblouissait les yeux. Brusquement, la femme s'arrêta ; elle était nue. Tous haletaient vers elle.

« Malheureuse ! » dit le Bouddha.

Il la regarda fixement. Et voici que les joues de Kouvalayâ se dessèchent, que son front se ride, que ses yeux se ternissent. Il ne lui reste, dans la bouche, que quelques dents misérables ; de son crâne, pendent tristement des mèches rares, toutes grises ; son dos se voûte : la châtiant comme les filles de Mâra, quand elles avaient voulu le tenter, le Bienheureux a fait de la belle danseuse une vieille à la peau racornie.

Elle soupire :

« Maître, je comprends quelle fut mon erreur ! J'étais vaine d'une beauté passagère. Ta leçon fut un peu rude, mais je sens qu'un jour viendra où je serai heureuse de l'avoir reçue. Souffre qu'on m'enseigne les saintes vérités, et que, bientôt, je sois à jamais délivrée d'un corps qui, même quand il charmait les yeux des hommes, n'était qu'un cadavre nauséabond. »

Le Maître accueillit la prière de Kouvalayâ, qui devint une des plus ferventes parmi les fidèles du Bouddha.

IX

Dans la ville d'Atavî régnait un roi qui aimait beaucoup la chasse. Un jour, il aperçut un cerf d'une grandeur merveilleuse ; il voulut l'atteindre et se mit à le poursuivre. Mais le cerf était très agile, et le roi fut entraîné loin des chasseurs, ses compagnons. Enfin, il perdit de vue la proie qui le fuyait, et, las, découragé, il se laissa tomber au pied d'un arbre et s'endormit.

Or, un Dieu méchant, nommé Alavaka, vivait dans l'arbre. Il aimait à se nourrir de chair humaine, et il tuait pour les dévorer ceux qui s'approchaient de lui. Il vit le roi, il se réjouit, et le malheureux dormeur allait être frappé quand un bruit favorable l'éveilla. Il comprit qu'on en voulait à ses jours ; il essaya de se lever ; mais le Dieu le prit à la gorge, et le maintint à terre. Alors, il se résigna à la prière.

« Seigneur, dit-il, épargne-moi ! À ton aspect terrible, je te présume un de ces Dieux qui mangent la chair des hommes. Daigne être bon pour moi. Tu n'auras pas à te repentir de ta pitié : je la reconnaîtrai par des dons magnifiques.

— Que m'importent les dons ? répondit Alavaka. C'est ta chair que je veux ; j'en rassasierai ma faim.

— Seigneur, reprit le roi, si tu me laisses revoir Atavî, je t'enverrai, chaque jour, un homme pour que tu le manges.

— Dès que tu seras dans ta demeure, tu oublieras cette parole.

— Ah, s'écria le roi, je n'oublie point les promesses que je fais. Si, d'ailleurs, je manque un seul jour à t'envoyer ta proie, tu n'auras qu'à venir dans mon palais, à me dire ton grief, et aussitôt, sans résistance, je te suivrai pour que tu me dévores. »

Le Dieu se laissa convaincre, et le roi regagna la ville d'Atavî. Mais il songeait à sa cruelle promesse ; il ne pourrait pas l'éluder, et désormais il devrait agir en maître dur et malfaisant.

Il manda son ministre et lui conta son aventure. Le ministre réfléchit un instant, et dit au roi :

« Seigneur, il y a dans la prison d'Atavî des criminels qui ont été condamnés à mort. Il faut les envoyer au Dieu. En voyant que tu es fidèle à ta promesse, il renoncera peut-être à sa féroce exigence. »

Le roi approuva le ministre. On alla donc trouver les condamnés à mort et on leur dit :

« Il y a, non loin de la ville, un arbre qu'habite un Dieu, très friand de riz. Celui qui portera devant l'arbre un plat de riz aura sa grâce entière. »

Et, tous les jours, un condamné à mort, portant un plat de riz, s'en allait, joyeux, vers l'arbre, et ne revenait pas.

Mais il n'y eut bientôt plus de condamnés à mort dans la prison de la ville. C'est en vain que le ministre prescrivit aux juges de se montrer très sévères, de n'absoudre ceux qui étaient accusés d'assassinat que sur des preuves irréfutables d'innocence, il fallut chercher un moyen nouveau de satisfaire l'appétit du Dieu. On lui sacrifia les voleurs.

Malgré tout le zèle qu'on mit à trouver des coupables, la prison fut enfin vide, et l'on dut se résoudre à choisir les victimes parmi les honnêtes gens. Le roi et son ministre faisaient enlever des vieillards, que des gardes conduisaient, de force, devant l'arbre ; et, si les gardes n'étaient pas très légers à la course, il leur arrivait d'être dévorés par le Dieu, comme les vieillards.

Une vague inquiétude pesait sur la ville d'Atavî. On voyait les vieillards disparaître, et que devenaient-ils ? Tous les jours, le roi sentait croître son remords. Mais il manquait de courage, il ne se sacrifiait pas au salut de son peuple, et il pensait :

« Nul ne viendra donc à mon aide ? On dit que, tantôt à Çrâvastî, tantôt à Râjagriha, séjourne un homme tout puissant, un Bouddha dont on admire les prodiges. On dit qu'il aime à voyager. Que ne passe-t-il par mon royaume ? »

Par sa force divinatrice, le Bouddha connut le désir du roi. Il traversa l'espace et arriva à l'arbre d'Alavaka. Là, il s'assit.

Le Dieu le vit. Il fit quelques pas, mais, tout à coup, il fut sans force. Ses genoux se dérobaient. La rage le prit.

« Qui es-tu ? cria-t-il rudement.

— Un être beaucoup plus puissant que toi, » répondit le Bouddha.

Alavaka était plein de fureur. L'homme qui était devant lui, et qu'il ne pouvait atteindre, il eût voulu le faire périr dans les pires douleurs. Le Bienheureux ne perdait rien de son calme.

Alavaka, pourtant, parvint à se maîtriser un peu. Il songea alors qu'il vaincrait peut-être par la ruse celui qu'il haïssait. Il s'efforça d'adoucir le ton de sa voix, et il dit :

« Seigneur, tu es un sage, je le vois, et j'ai toujours pris plaisir à interroger les sages. Je leur pose quatre questions. S'ils me répondent, ils sont libres d'aller où ils veulent ; s'ils ne me répondent pas, ils demeurent mes prisonniers, et je les dévore quand j'en ai la fantaisie.

— Pose les quatre questions, dit le Bouddha.

— Sache, reprit Alavaka, que personne jusqu'ici n'y a répondu ; çà et là, tu trouverais les os des sages que j'ai interrogés.

— Pose les quatre questions, répéta le Bouddha.

— Eh bien donc, dit Alavaka, comment l'homme peut-il échapper au fleuve des passions ? Comment peut-il traverser la mer des existences et gagner le port ? Comment peut-il ne pas subir les tempêtes méchantes ? Comment peut-il n'être pas harcelé par l'orage des désirs ? »

D'une voix tranquille, le Bouddha répondit :

« L'homme échappe au fleuve des passions s'il a foi en le Bouddha, en la loi et en la communauté ; il traverse la mer des existences et gagne le port s'il connaît les œuvres saintes ; il ne subira pas les tempêtes méchantes s'il pratique les œuvres saintes ; il ne sera pas harcelé par l'orage des désirs s'il sait la route sacrée qui mène à la délivrance. »

Quand il eut entendu les réponses du Maître, Alavaka se prosterna devant lui ; il l'adora et lui promit de renoncer à ses coutumes farouches. Et tous deux allèrent dans Atavî, au palais du roi.

« Roi, dit le Dieu, je te relève de ton engagement envers moi. »

Le roi fut plus heureux qu'il n'avait jamais été, et, quand il apprit qui l'avait secouru, il s'écria :

« Je crois en toi, Seigneur, qui m'as sauvé et qui as sauvé mon peuple ; je crois en toi, et je ne vivrai plus que pour publier ta gloire, la gloire de la loi, la gloire de la communauté. »

X

Devadatta était plein d'orgueil ; il supportait mal le joug, et il aurait voulu tenir la place du Bouddha. Mais il sentait bien que les moines ne le soutiendraient pas dans une révolte ouverte, et il cherchait un roi ou un prince sur qui s'appuyer.

« Le roi Vimbasâra est vieux, pensa-t-il un jour ; le prince Ajâtaçatrou, qui est jeune, qui est brave, brûle de lui succéder au pouvoir. Je pourrais donner au prince d'utiles conseils, et, à son tour, il m'aiderait à prendre la tête de la communauté. »

Il alla trouver Ajâtaçatrou. Il lui adressa des paroles flatteuses ; il lui vanta sa force, son courage, sa beauté.

« Ah, disait-il, si tu régnais, quelle serait la gloire de Râjagriha ! Tu conquerrais les royaumes voisins ; tous les souverains du monde viendraient te rendre hommage : tu serais le maître tout-puissant, on t'adorerait à l'égal d'un Dieu. »

Par de telles paroles, Devadatta gagna la confiance d'Ajâtaçatrou. Il recevait des dons précieux, et son orgueil croissait encore.

Maudgalyâyana remarqua les visites fréquentes de Devadatta au prince, et il crut bon d'en avertir le Bienheureux.

« Seigneur, commença-t-il, Devadatta ne cesse de voir le prince Ajâtaçatrou. »

Le Bienheureux l'interrompit :

« Laisse Devadatta agira sa guise : nous ne tarderons guère à apprendre ce qu'il est au vrai. Je sais les hommages que lui rend Ajâtaçatrou : ils ne lui font pas faire un pas dans le chemin de la vertu. Que Devadatta s'enorgueillisse ! Il court à sa ruine. Le bananier et le bambou n'ont de fruits que pour leur mort, et les honneurs que reçoit Devadatta ne feront que hâter sa perte. »

Devadatta, cependant, atteignait l'extrême de la vanité. Il ne pouvait plus souffrir la grandeur du Bouddha, et, un jour, il en vint à lui dire :

« Maître, te voici très vieux ; pour toi, le gouvernement des moines est une fatigue cruelle : abandonne-le. Médite en repos la loi sublime que tu as découverte, et confie à mes soins toute la communauté. »

Le Maître eut un sourire railleur.

« Ne te soucie point de mon repos, Devadatta ; tu es d'une excessive bonté. Je saurai quand viendra l'heure d'abandonner ma tâche. Pour l'instant, je garderai la conduite de la communauté : d'ailleurs, je ne la laisserai pas à Çâripoutra même ni à Maudgalyâyana, ces grands esprits, ces flambeaux splendides, et tu la voudrais, toi, Devadatta, toi, dont l'esprit est si médiocre, toi, qui éclaires moins encore qu'une veilleuse ! »

Devadatta fit au Maître un salut respectueux, mais il ne pouvait éteindre la flamme furieuse de ses yeux.

Le Maître alors manda le sage Çâripoutra.

« Çâripoutra, dit-il, va-t'en par la ville de Rajagriha, et crie bien haut : « Qu'on se défie de Devadatta ! Il a quitté la bonne route. Le Bouddha ne répond plus de ses paroles ni de ses actes ; la loi ne l'inspire plus, la communauté lui est étrangère. Devadatta ne relève, désormais, que de lui-même. »

Çâripoutra fut affligé d'avoir à accomplir une si dure mission ; il comprit pourtant les raisons du Maître et il alla crier par la ville la honte de Devadatta. Les habitants l'écoutaient, et les uns pensaient : « Les moines envient à Devadatta l'amitié du prince Ajâtaçatrou. » Mais les autres disaient : « Il faut que Devadatta ait commis des fautes graves pour que le Bienheureux le dénonce à la ville. »

XI

Devadatta réfléchissait :

« Siddhârtha a pensé m'humilier. Je saurai bien lui montrer que je n'ai pas l'esprit si médiocre qu'il le croit. Il faudra que sa gloire pâlisse devant la mienne. La veilleuse se fera soleil. Mais le roi Vimbasâra est son ami fidèle. Il le protège, et, tant qu'il vivra, je serai réduit à l'impuissance. Le prince Ajâtaçatrou, au contraire, m'estime et m'honore ; il met sa confiance en moi. Qu'il règne, et j'obtiendrai tout ce que je voudrai. »

Il alla dans la demeure d'Ajâtaçatrou.

« Ah, prince, dit-il, que le temps est triste où nous vivons ! Ceux qui sont les plus dignes de gouverner les peuples risquent de mourir sans avoir régné. La vie humaine se fait de plus en plus courte. La longévité de ton père m'inquiète pour toi. »

Il parla longtemps encore, donnant au prince les plus pernicieux conseils. Et le prince eut la faiblesse de l'écouter. Il résolut de tuer son père.

Jour et nuit, Ajâtaçatrou errait à travers le palais. Il guettait l'instant où il pourrait se glisser dans la chambre de son père et le frapper. Il n'échappa point à la vigilance des gardes. Ils s'étonnèrent de ses allées et venues, et ils dirent au roi Vimbasâra :

« Seigneur, depuis quelque temps, ton fils Ajâtaçatrou a des allures étranges. Ne méditerait-il pas une mauvaise action ?

— Taisez-vous, répondit le roi. Mon fils est trop noble pour songer à des actes vils.

— Tu devrais le mander, seigneur, et l'interroger.

— Taisez-vous, gardes. N'accusez pas mon fils à la légère. »

Les gardes continuèrent leur surveillance et, au bout de quelques jours, ils retournèrent auprès du roi. Et le roi, pour les convaincre d'erreur, fit appeler Ajâtaçatrou.

Le prince tremblait un peu quand il parut devant son père.

« Seigneur, dit-il, que me veux-tu ?

— Mon fils, dit Vimbasâra, mes gardes prétendent que, depuis quelque temps, tu prends des allures singulières. Tu vas dans le palais d'un pas mystérieux, tu évites les regards. Ne mentent-ils point ?

— Ils ne mentent point, mon père, » dit Ajâtaçatrou.

Il eut un vif remords, il se jeta aux pieds du roi, et, plein de honte, il reprit :

« Père, j'ai voulu te tuer. »

Vimbasâra frémit. D'une voix douloureuse, il demanda :

« Pourquoi voulais-tu me tuer ?

— Pour régner.

— Règne donc, s'écria le roi. La royauté ne vaut pas l'inimitié d'un fils. »

Dès le lendemain, Ajâtaçatrou fut proclamé roi.

Il ordonna, d'abord, qu'on rendit de grands honneurs à son père. Mais Devadatta craignait l'autorité du vieux roi. Il s'employa à le desservir.

« Tant que ton père sera libre, disait-il à Ajâtaçatrou, tu seras exposé à perdre le pouvoir. Il a gardé des partisans nombreux, il faut que tu les intimides par des mesures sévères. »

Devadatta reprit tout son empire sur l'esprit d'Ajâtaçatrou, et le triste Vimbasâra fut enfermé dans une étroite prison. Bientôt même, Ajâtaçatrou résolut de le faire mourir, et il défendit qu'on lui donnât la moindre nourriture.

La reine Vaidehî, pourtant, obtenait parfois d'entrer dans la prison de Vimbasâra. Elle lui apportait du riz, qu'il mangeait avec joie. Mais Ajâtaçatrou ne permit pas longtemps à la reine d'être charitable ; il voulut qu'on fouillât ses vêtements à chacune de ses visites au prisonnier. Alors, elle cacha dans ses cheveux de maigres nourritures. Elle fut découverte, et elle dut inventer mille ruses pour que le vieux roi ne mourût pas de faim ; toutes furent connues, et Ajâtaçatrou lui intima, enfin, de ne plus aller à la prison.

Il poursuivait de sa haine les fidèles du Bouddha. Il avait interdit qu'on prît aucun soin du temple où Vimbasâra, jadis, avait déposé les cheveux et les ongles du Maître. On n'y apportait plus ni fleur ni parfum ; on ne le nettoyait même pas.

Il y avait dans le palais d'Ajâtaçatrou une femme très pieuse, nommé Çrîmatî. Elle s'affligeait de ne plus pouvoir pratiquer les œuvres saintes, et elle se demandait comment, en ces jours cruels, elle prouverait au Maître qu'elle avait gardé toute sa foi. Elle passa devant le temple, et, de le voir délaissé, elle gémit. Il était sordide, et elle pleura.

« Le Maître saura que, dans cette demeure, il y a encore une femme pour l'honorer, » pensa Çrîmatî ; et, au péril de sa vie, elle nettoya le temple et elle l'orna d'une guirlande lumineuse.

Ajâtaçatrou aperçut la guirlande ; il fut fort irrité qu'on lui eût désobéi, et il voulut savoir qui en était coupable. Çrîmatî ne se cacha point ; d'elle-même elle comparut devant le roi :

« Pourquoi as-tu bravé mon ordre ? lui demanda Ajâtaçatrou.

— Si j'ai bravé ton ordre, répondit-elle, j'ai respecté celui de ton père, le roi Vimbasâra. »

Ajâtaçatrou n'en entendit pas plus. Blême de colère, il se précipita sur Çrîmatî, et la frappa de son poignard. Elle tomba, mourante ; mais ses yeux brillaient de joie, et, d'une voix heureuse, elle chanta :

« J'ai contemplé celui qui protège les mondes, j'ai contemplé celui qui éclaire les mondes, et pour lui, dans le soir, j'ai allumé les lampes ; pour qui chasse les ténèbres, j'ai chassé les ténèbres. Son éclat est plus grand que l'éclat du soleil ; il lance des rayons plus purs que le soleil, et mes regards ravis s'enivrent de clarté ; pour qui chasse les ténèbres, j'ai chassé les ténèbres. »

Et, morte, elle sembla vêtue d'une lumière sacrée.

XII

Devadatta était impatient de succéder au Bouddha dans le gouvernement de la communauté, et, un jour, il dit au roi Ajâtaçatrou :

« Seigneur, le Bouddha te méprise et te hait ; fais-le périr, il y va de ta gloire. Envoie-lui des hommes qui le tuent ; je les guiderai. »

Ajâtaçatrou se laissa convaincre ; mais, au Bois des bambous, dès que les assassins virent le Maître, ils se jetèrent à ses genoux et l'adorèrent. La rage de Devadatta s'accrut. Il soudoya les gardes d'une écurie où l'on tenait enfermé un éléphant des plus féroces : on lâcherait la bête sur le passage du Maître, elle le percerait de ses défenses ou l'écraserait en le foulant aux pieds. Il fut ainsi fait, mais la seule vue du Maître apaisa l'éléphant, qui, de sa trompe, essuya la poussière des vêtements sacrés. Et le Maître dit en souriant :

« C'est la seconde fois que, grâce à Devadatta, un éléphant me rend hommage. »

Devadatta voulut alors agir par lui-même. Il vit le Maître qui méditait à l'ombre d'un arbre, et il eut l'audace méchante de lui jeter une pierre aiguë, qui le blessa au pied. Le sang coula. Et le Maître dit :

« Ta faute est grave, Devadatta, elle te vaudra un châtiment terrible. Tes efforts criminels sont vains, nul attentat n'ôtera la vie au Bienheureux. Le Bienheureux s'éteindra de lui-même, à l'heure qu'il choisira. »

Devadatta s'enfuit, résolu à ne plus suivre les règles de la communauté et à se chercher des partisans n'importe où.

Vimbasâra, cependant, souffrait de la faim, mais il ne mourait point. Une force mystérieuse le soutenait. Son fils prit le parti d'en finir avec lui par la violence, et il donna l'ordre de lui brûler la plante des pieds, de le taillader aux jambes et de verser sur les plaies de l'huile chaude et du sel. Le bourreau pleura, qui vint torturer le vieillard.

Le jour même où Ajâtaçatrou avait ordonné pour son père une mort si cruelle, un fils lui naquit.

À voir le nouveau-né, il sentit une grande joie ; sa pensée s'adoucit, et il voulut que des gardes courussent à la prison pour arrêter le supplice. Ils arrivèrent trop tard : le roi Vimbasâra était mort dans des douleurs affreuses.

Alors, le repentir entra dans l'esprit d'Ajâtaçatrou. Et un jour il entendit la reine Vaidehî qui disait au petit prince, en le berçant :

« Puisse ton père être aussi bon pour toi que pour lui fut le sien. Il lui arriva, dans sa première enfance, d'avoir un ulcère au doigt ; il souffrait, il gémissait ; il n'y avait point d'onguent qui le guérit ; Vimbasâra mit le doigt à ses lèvres, il suça le pus, et Ajâtaçatrou se reprit à rire et à jouer. Ah, petit enfant, aime bien ton père, et ne le punis pas par ta cruauté d'avoir été cruel envers Vimbasâra. »

Ajâtaçatrou pleura en entendant Vaidehî. Le remords l'accablait. La nuit, il croyait voir son père, les jambes sanglantes ; il l'entendait gémir, et il avait des larmes amères. Il eut une fièvre ardente, et l'on appela près de lui le médecin Jîvaka.

Je ne puis rien pour te guérir, dit Jîvaka. Ton corps n'est pas malade. Va trouver le Maître parfait, le Bienheureux, le Bouddha ; lui seul trouvera la parole consolatrice qui te rendra la santé. »

Ajâtaçatrou écouta le conseil de Jîvaka. Il alla trouver le Bienheureux, il lui avoua ses fautes et ses crimes, et il retrouva le calme.

« Ton père, lui dit le Bouddha, est allé renaître parmi les plus puissants des Dieux ; il voit ton repentir et tu es pardonné. Tu m'entendras, roi Ajâtaçatrou, tu connaîtras la loi, et tu ne souffriras plus. »

Ajâtaçatrou fit publier dans tout le royaume qu'il n'y supporterait point la présence de Devadatta : s'il demandait asile dans quelque maison, et qu'on le reconnût, on devrait le chasser sur-le-champ.

Il était alors près de Çrâvastî, où il espérait que le roi Prasénajit voudrait bien le recevoir ; mais il fut repoussé avec mépris, et reçut l'ordre de quitter le royaume. Il ne réussissait pas à trouver de partisans, et il prit enfin la route de Kapilavastou.

Il entra dans la ville comme le jour tombait. Les rues étaient obscures, presque désertes, et il ne rencontra personne qui le reconnût : comment, d'ailleurs, en le moine chétif et minable qui, d'un pas furtif, glissait le long des murs, eût-on deviné le superbe Devadatta ? Il alla droit au palais où, dans une pieuse solitude, vivait la princesse Gopâ.

Il put s'introduire auprès d'elle.

« Moine, dit Gopâ, que veux-tu de moi ? Serais-tu un messager de bonheur ? M'apporterais-tu les ordres d'un mari que je vénère ?

— Ton mari ! Il ne se soucie guère de toi ! Qu'il te souvienne de l'heure où, méchamment, il t'abandonna !

— Il m'a abandonnée pour le salut du monde.

— Lui garderais-tu ton amour ?

— Mon amour souillerait la sainteté de sa vie.

— N'aie donc pour lui que de la haine.

— Je n'ai pour lui que du respect.

— Femme, venge-toi de son dédain.

— Moine, tais-toi ! Tes paroles sont impures.

— Ne reconnais-tu pas Devadatta, qui t'aime ?

— Devadatta, Devadatta, je te savais faux et vil ; je pensais bien que tu ne ferais qu'un mauvais moine, mais je ne soupçonnais point toute ta bassesse.

— Gopâ, Gopâ, je t'aime ! Ton mari t'a méprisée. Il fut cruel. Venge-toi de sa cruauté. Aime-moi ! »

Gopâ rougit, et, de ses doux yeux, tombaient des larmes de honte.

« C'est toi qui me méprises ! Ton amour, fût-il sincère, me serait une insulte : mais tu mens, quand tu dis que tu m'aimes. Tu me regardais à peine, au temps où j'étais jeune, au temps où j'étais belle ! Et maintenant que tu me vois vieillie, brisée par les devoirs austères, tu me cries ton amour, ton amour coupable ! Tu es le plus lâche des hommes, Devadatta ! Va-t'en ! Va-t'en ! »

Furibond, il se ruait sur elle. Pour se protéger, elle étendit la main, et il roula à terre ; il vomissait des flots de sang.

Il s'échappa. Les Çâkyas apprirent qu'il était dans Kapilavastou ; ils l'obligèrent à quitter la ville et des gardes furent chargés de le conduire aux pieds du Bouddha qui ordonnerait de son sort. Il feignit le repentir, mais il s'oignit les ongles d'un poison subtil, et, tandis qu'il était prosterné devant le Maître, il essayait de le griffer à la cheville. Le Maître le repoussa de l'orteil ; la terre s'ouvrit, et des flammes violentes en sortirent, où fut englouti l'infâme Devadatta.

XIII

Bien que revenu au Bouddha, le roi Ajâtaçatrou avait encore des mouvements de colère ; pour une querelle entre un homme de Rijâgriha et un homme de Çrâvastî, il déclara la guerre au roi Prasénajit.

Il réunit une armée nombreuse ; on y voyait des fantassins et des cavaliers ; des soldats étaient montés sur des chars, d'autres étaient enfermés dans des tours que portaient des éléphants. Les épées et les lances luisaient au soleil.

Le roi Prasénajit rassembla aussi ses troupes ; lui aussi avait des chars, lui aussi avait des chevaux et des éléphants. Il alla au-devant d'Ajâtaçatrou.

La bataille fut terrible. Elle dura quatre jours. Le premier jour, Prasénajit perdit ses éléphants ; le second jour, il perdit ses chevaux ; le troisième, furent détruits ses chars ; et, le quatrième, ses fantassins périrent ou furent faits prisonniers ; et lui-même, vaincu, épouvanté, s'enfuit sur le seul char échappé au désastre, et gagna en hâte Çrâvastî.

Là, dans une salle obscure, il était affalé sur un siège bas ; il restait morne, silencieux ; il ne bougeait point ; on l'aurait cru mort, si de grosses larmes n'eussent coulé de ses yeux.

Un homme entra : c'était le marchand Anâthapindika.

« Seigneur, dit-il, puisses-tu vivre longtemps, et que te revienne la victoire !

— Tous mes soldats sont morts, gémit le roi, tous mes soldats sont morts ! Mes soldats ! Mes soldats !

— Cesse de gémir, ô roi, lève une nouvelle armée.

— J'ai perdu mes richesses à lever la première.

— Roi, dit Anâthapindika, je te donnerai l'or nécessaire à ta victoire. »

Vivement, Prasénajit fut debout.

« Merci, Anâthapindika, s'écria-t-il, tu m'auras sauvé ! »

Grâce à l'or d'Anâthapindika, Prasénajit leva une armée formidable. Il marcha contre Ajâtaçatrou.

Le choc des deux troupes épouvanta les Dieux mêmes. Prasénajit essayait un ordre de bataille que des hommes, venus de pays lointains, lui avaient enseigné. Son attaque fut rapide, et Ajâtaçatrou ne sut pas se défendre. Il connut la défaite à son tour, et il tomba, vivant, aux mains de l'ennemi.

« Tue-moi, cria-t-il à Prasénajit.

— Je t'épargnerai, dit Prasénajit. Je te conduirai devant le Maître bienheureux, et c'est lui qui décidera de ta destinée. »

Le Maître était, depuis peu, arrivé au parc de Jéta. Prasénajit lui dit :

« Vois, ô Bienheureux, le roi Ajâtaçatrou, qui est mon prisonnier. Il me hait, et je ne le hais point ; pour une raison futile, il a marché contre moi ; il m'a vaincu d'abord, mais maintenant il est à ma merci. Je ne veux pas le tuer, et, en souvenir de son père Vimbasâra, qui était mon ami, j'incline à lui rendre la liberté.

— Rends-lui la liberté, dit le Maître, la victoire enfante la haine ; la défaite enfante la douleur. Le sage renonce à la victoire aussi bien qu'à la défaite. De l'injure naît l'injure, de la colère naît la colère. Le sage renonce à la victoire aussi bien qu'à la défaite. Tout meurtrier tombe sous les coups d'un meurtrier, tout vainqueur tombe sous les coups d'un vainqueur. Le sage renonce à la victoire aussi bien qu'à la défaite. »

Devant le Maître, Ajâtaçatrou promit d'être désormais le fidèle ami de Prasénajit.

« Et, ajouta-t-il, soyons plus qu'amis. J'ai un fils, tu le sais, et tu as une fille, Kshemâ, qui n'est point encore mariée. Veux-tu donner ta fille à mon fils ?

— Qu'il en soit ainsi, dit Prasénajit, et que l'union des enfants assure à jamais l'amitié des pères. »

Le Maître approuva les deux rois. Il n'y eut plus, entre eux, le moindre différend, et Ajâtaçatrou devint le plus doux des hommes.

XIV

Le Maître vieillissait. Étant à Râjagriha, il réunit de nombreux moines, et il leur parla longuement :

« Moines, n'oubliez pas les règles de vie que je vous ai données. Gardez-les précieusement. Vous vous assemblerez deux fois dans le mois, et vous vous confesserez vos fautes les uns aux autres. Si vous sentez que vous avez mal agi, et si vous ne l'avouez pas, vous serez coupables de mensonge. Avouez vos fautes : après l'aveu, vous aurez le repos et la paix. Quatre fautes, vous le savez, sont, pour un moine, les pires de toutes : avoir des rapports intimes avec une femme ; s'approprier, par le vol, un objet, quel qu'il soit ; tuer un être humain ou provoquer un meurtre ; prétendre posséder une puissance surhumaine, alors qu'on sait qu'on ne la possède pas. Qui commet une de ces quatre fautes doit être chassé de la communauté. N'échangez pas avec les femmes des paroles futiles, ne les poussez pas à la débauche. Ne portez point contre vos frères des accusations fausses. N'essayez point de semer le trouble dans la communauté. Ne cherchez pas à éviter les réprimandes. Ne mentez jamais. N'injuriez personne. Gardez précieusement, ô moines, toutes les règles de vie que je vous ai données. »

Il dit encore :

« La gravité est le domaine de l'immortalité, la frivolité le domaine de la mort. Ceux qui sont graves ne meurent pas, ceux qui sont frivoles sont toujours morts. Aussi le sage se plaît-il à être grave. Les sages atteignent le bien suprême, le nirvâna. Qui a de l'énergie, qui a de la mémoire, qui pense honnêtement, qui agit avec réflexion, qui est continent, qui vit dans la loi, qui est grave voit grandir sa gloire. C'est la frivolité que suivent les sots, les pauvres d'esprit ; mais la gravité, les sages la gardent comme un avare son trésor. Un moine qui se plaît à être grave, qui sait tout le danger d'être frivole, secoue la loi mauvaise comme le vent fait des feuilles ; il brise tous les liens qui l'attachent au monde, il est tout proche du nirvâna. Debout sur la terrasse de la sagesse, libre de toute misère, l'homme grave qui a vaincu la frivolité regarde la foule misérable, comme, du sommet de la montagne, on regarde ceux de la plaine. »

XV

Avant que de mourir, le Bienheureux résolut de faire un grand voyage. Il voulait revoir certains de ses disciples et leur dire avec quel scrupule il faudrait garder son enseignement. Il prit le seul Ananda pour compagnon et il quitta la ville de Râjagriha.

Un jour, tandis qu'il se reposait au bord d'un champ, il dit à Ananda :

« Un temps viendra où quelques hommes se demanderont pourquoi, jadis, je suis descendu dans le sein d'une femme. Ils ne jugeront pas que ma naissance fût d'une pureté parfaite, et ils ne comprendront pas que j'aie eu le pouvoir suprême. Ces hommes à l'esprit ténébreux ne reconnaîtront jamais que, pour celui qui s'adonne aux œuvres saintes, le corps ne participe pas à l'impureté de la naissance. Il faut que l'être qui cherche la science suprême entre dans le sein d'une femme, il faut que, par pitié pour les hommes, il naisse dans le monde des hommes. S'il était Dieu, comment ferait-il tourner la roue de la loi ? Imagine, Ananda, que le Bouddha soit Dieu : les hommes tomberont dans le découragement. Ils se diront « Le Bouddha, qui est Dieu, possède le bonheur, la sainteté, la perfection ; mais nous, les hommes, comment pourrons-nous y atteindre ? » Et ils vivront dans un morne désespoir. Ah, qu'ils se taisent, les êtres à l'esprit de ténèbres ! Qu'ils ne tentent point de voler la loi, car ils en feraient le pire usage. Que, plutôt, ils estiment incompréhensible la nature du Bouddha, eux qui ne sauront jamais mesurer ma hauteur ! »

Un berger traversait le champ. Il avait la sérénité des hommes qui accomplissent en paix une tâche heureuse.

« Qui es-tu, berger ? lui demanda le Maître.

— Je m'appelle Dhaniya, répondit le berger.

— Où vas-tu ? demanda le Maître.

— Dans ma demeure, où je retrouverai ma femme et mes enfants.

— Tu sembles, berger, connaître un pur bonheur.

— J'ai fait bouillir mon riz, j'ai trait le lait de mes vaches, dit le berger Dhaniya ; je vis avec les miens au bord de la rivière, ma maison est bien couverte, mon feu est allumé : donc, si tu le veux, tu peux tomber, ô pluie du ciel.

— Je suis libre de colère, je suis libre d'entêtement, dit le Maître ; je demeure pour une nuit au bord de la rivière, ma maison est sans toit, le feu des passions est éteint dans mon être : donc, si tu le veux, tu peux tomber, ô pluie du ciel.

— Les taons ne harcèlent point mon troupeau, dit le berger Dhaniya ; dans les prairies herbeuses errent mes vaches, elles peuvent endurer la pluie qui vient : donc, si tu le veux, tu peux tomber, ô pluie du ciel.

— J'ai construit un radeau solide, dit le Maître ; j'ai vogué vers le nirvâna ; j'ai traversé le torrent des passions et j'ai touché la rive sainte ; je n'ai plus besoin du radeau : donc, si tu le veux, tu peux tomber, ô pluie du ciel.

— Ma femme est obéissante, elle ignore la débauche, dit le berger Dhaniya ; voilà longtemps qu'elle vit avec moi ; elle est gracieuse, et jamais d'elle on n'a médit : donc, si tu le veux, tu peux tomber, ô pluie du ciel.

— Mon esprit est obéissant, il est délivré de tous les liens, dit le Maître ; voilà longtemps que je l'ai dompté, il est bien soumis, et il n'y a plus rien de mauvais en moi : donc, si tu le veux, tu peux tomber, ô pluie du ciel.

— Je paie moi-même le salaire de mes serviteurs, dit le berger Dhaniya ; mes enfants reçoivent de moi toutes les nourritures saines, et jamais d'eux on n'a médit : donc, si tu le veux, tu peux tomber, ô pluie du ciel.

— Je ne suis le serviteur de personne, dit le Maître ; avec ce que je gagne, je voyage par le monde entier ; il n'est pas besoin pour moi de serviteur : donc, si tu le veux, tu peux tomber, ô pluie du ciel.

— J'ai des vaches, j'ai des veaux, j'ai des génisses, dit le berger Dhaniya, et j'ai un chien qui est le seigneur de mes vaches : donc, si tu le veux, tu peux tomber, ô pluie du ciel.

— Je n'ai ni vache, ni veau, ni génisse, dit le Maître, et je n'ai pas de chien qui fasse la garde : donc, si tu le veux, tu peux tomber, ô pluie du ciel.

— Les pieux sont enfoncés profondément dans le sol, rien ne peut les ébranler, dit le berger Dhaniya ; les cordes neuves sont faites d'herbes fortes, les vaches ne les briseront pas : donc, si tu le veux, tu peux tomber, ô pluie du ciel.

— Pareil au chien qui a rompu ses chaînes, dit le Maître, pareil à l'éléphant qui a rompu ses entraves, je n'entrerai plus jamais dans une matrice : donc, si tu le veux, tu peux tomber, ô pluie du ciel. »

Le berger Dhaniya s'inclina devant le Maître et dit :

« Je sais maintenant qui tu es, ô Bienheureux, et je t'emmènerai dans ma demeure. »

Comme ils entraient dans la maison, la pluie se précipita du ciel et l'eau ruissela sur la terre.

En entendant la pluie, Dhaniya parla ainsi :

« En vérité, nous avons acquis de grandes richesses, depuis que nous avons vu le Bienheureux ; c'est en toi qu'est notre refuge, ô Maître qui nous as regardés avec les yeux de la sagesse. Sois notre protecteur, ô Saint ! Ma femme et moi sommes obéissants ; si nous menons une vie sainte, nous vaincrons la naissance et la mort, et nous irons au terme de nos peines. »

Une voix s'éleva : on ne sait comment, Mâra le Malin était là.

« Celui qui a des fils prend plaisir à voir ses fils, dit Mâra le Malin, celui qui a des vaches prend plaisir à voir ses vaches ; en la substance est le plaisir de l'homme et qui n'a pas de substance n'a pas de plaisir.

— Celui qui a des fils prend souci à voir ses fils, dit le Maître, celui qui a des vaches prend souci à voir ses vaches ; en la substance est le souci de l'homme et qui n'a pas de substance n'a pas de souci. »

Mâra s'était enfui, et Dhaniya et sa femme écoutaient parler le Maître.

XVI

Le Maître arriva, sur les bords de la Gangâ, au lieu où l'on construisait la ville de Pâtalipoutra. Il salua les murs qui commençaient à sortir de terre, et il s'écria :

« Cette ville sera grande un jour, elle sera illustre, de nombreux héros y naîtront, un roi, fameux entre tous, y règnera. Tu seras prospère, ô Pâtaliputra, et ton nom sera célébré par les hommes, à jamais. »

Il passa le fleuve. Il allait vers Vaiçâlî ; mais, dans le village de Bailva, il fut frappé d'une grave maladie. Il souffrait d'horribles douleurs ; Ananda pleurait, le voyant déjà mort. Mais il se souvint qu'il avait à visiter encore de nombreux disciples ; il ne lui convenait pas d'entrer dans le nirvâna sans leur avoir donné les derniers enseignements, et, par la force de sa volonté, il dompta la maladie, et la vie ne l'abandonna pas. Il recouvra la santé.

Dès qu'il fut guéri, il sortit de la maison où il avait trouvé un asile, et il s'assit sur un siège qui lui avait été préparé devant la porte. Ananda vint près de lui ; il s'assit à ses côtés, et il dit :

« Je vois, Seigneur, que tu as retrouvé la santé. Quand je t'ai vu malade, j'ai perdu toute énergie ; j'étais en proie au vertige, je ne pouvais accepter l'idée que le Maître fut malade ; et pourtant je me rassurais, en me rappelant que tu n'avais pas fait connaître tes intentions sur la communauté, or tu n'entreras pas dans le nirvâna tant que nous les ignorerons. »

Le Bienheureux parla ainsi :

« Que veut encore de moi la communauté, Ananda ? J'ai dit la doctrine, je l'ai enseignée ; il n'en est aucun point que je n'aie éclairé ! Celui qui pense : « Je veux régner sur la communauté, » celui-là peut faire connaître ses intentions touchant la communauté. Mais, Ananda, le Bienheureux n'a jamais pensé : « Je veux régner sur la communauté. » Pourquoi ferait-il connaître ses intentions ? Je suis vieux, Ananda, je suis blanc, je suis faible ; j'ai quatre-vingts ans, j'arrive au bout de mon chemin. Soyez, vous, votre propre flambeau, ne cherchez pas qui vous éclaire. Celui qui, après que j'aurai quitté ce monde, sera son propre flambeau, prouvera qu'il a pénétré tout le sens de mes paroles ; il sera mon vrai disciple, Ananda ; il connaîtra la droite manière de vivre. »

Il reprit sa route, et il arriva à Vaiçâlî. Il alla à travers la ville, de porte en porte, quêtant sa nourriture. Et, tout à coup, il vit Mâra qui s'était dressé devant lui.

« Voici l'heure, dit le Malin ; entre dans le nirvâna, ô Bienheureux.

— Non pas, répondit le Bouddha. Mieux que toi, Malin, je connais l'heure où il faudra que j'entre dans le nirvâna. Quelques mois encore, et l'heure sera venue. Trois mois encore, et le Bienheureux entrera dans le nirvâna. »

À ces paroles, la terre trembla, le tonnerre gronda : le Bienheureux avait détruit la volonté par quoi il retenait la vie, et il avait fixé le temps où il entrerait dans le nirvâna. La terre trembla, le tonnerre gronda.

Au soir, il assembla les moines de Vaiçâlî, et il leur parla :

« Gardez bien, ô moines, la science que j'ai acquise et que je vous ai enseignée, et marchez dans la bonne voie, afin que la vie de sainteté dure longtemps, pour le salut et pour la joie du monde, pour le salut et pour la joie des Dieux, pour le salut et pour la joie des hommes. Quelques mois encore, et mon heure sera venue ; trois mois encore, et j'entrerai dans le nirvâna ; je m'en vais et vous demeurez ; n'abandonnez jamais la lutte. Celui qui ne chancelle point au chemin de la vérité fuit la naissance, fuit la mort, fuit à tout jamais la douleur. »

Le lendemain, il parcourut encore la ville, pour avoir des aumônes ; puis, avec quelques disciples, il prit la route de Kouçinagara, où il avait résolu d'entrer dans le nirvâna.

XVII

Le Maître et les disciples qui l'accompagnaient s'arrêtèrent à Pâvâ, dans le jardin de Counda le forgeron. Counda vint honorer le Maître, et lui dit :

« Seigneur, fais-moi la grâce de prendre chez moi le repas de demain. »

Le Maître accepta l'invitation, et, le lendemain, Counda fit préparer, entre autres mets, de la viande de porc. Les moines entrèrent, ils prirent place ; le Maître remarqua la viande de porc, et, la désignant à Counda, il dit :

« Nul, hors moi, ne pourrait supporter cette nourriture : tu dois me la réserver ; mes disciples se partageront les autres mets. »

Quand il eut mangé, il dit encore :

« Enterre profondément ce que j'ai laissé du porc : seul, le Bouddha peut goûter à pareille viande. »

Il s'en alla. Les disciples le suivirent.

Il n'était pas très loin de Pâvâ qu'il se sentit las et malade. Ananda se désolait, et il maudissait Counda le forgeron d'avoir donné au Maître un repas sans doute mortel.

« Ananda, dit le Maître, ne sois pas dur pour Counda le forgeron ; le repas qu'il m'a offert lui vaudra de hautes récompenses. Des repas que j'ai pris, deux sont méritoires entre tous, l'un pour Soujata, l'autre pour Counda le forgeron, à qui je les ai dus. »

Il domina sa fatigue, et il arriva au bord de la Kakoutsthâ. La rivière était paisible et pure. Le Maître se plongea dans l'onde limpide. Après le bain, il but, puis s'en alla vers un bois de manguiers. Là, il dit au moine Coundaka :

« Plie mon manteau en quatre, que je me couche et me repose. »

Coundaka fut heureux d'obéir au Maître et il se hâta d'étendre à terre le manteau plié en quatre. Le Maître se coucha, et Coundaka s'assit auprès de lui.

Au bout de quelques heures, le Maître se leva. Il se remit en marche et il arriva enfin à Kouçinagara. Là, sur le bord de la Hiranyavatî, il y avait un petit bois, riant et calme.

Le Maître dit :

« Va, Ananda, et prépare-moi un lit entre deux arbres jumeaux. Que la tête soit tournée vers le nord. Je suis malade, Ananda. »

Ananda prépara le lit, et le Maître alla s'y étendre.

XVIII

On n'était pas dans la saison où les arbres fleurissent, et pourtant aux deux arbres qui abritaient le Maître il y avait des fleurs. Les fleurs pures tombaient sur le lit avec douceur, et, du ciel, descendaient lentement des chants tranquilles.

Le Maître dit au pieux Ananda :

« Vois : nous ne sommes pas dans la saison des fleurs, et ces arbres pourtant se sont couverts de fleurs, et sur moi pleuvent les fleurs pures. Écoute l'air : il est joyeux des chants qu'au ciel chantent les Dieux heureux en l'honneur du Bouddha. Mais au Bouddha revient un honneur plus durable : moines, nonnes, croyants, croyantes, tous ceux qui voient la Vérité, tous ceux qui vivent dans la loi, tous ceux-là font l'honneur suprême du Bouddha. Il faut donc, Ananda, vivre ; selon la loi, et, jusque dans les moindres actes de la vie, suivre le pur chemin des saintes vérités. »

Ananda pleurait : il voulut cacher ses larmes, il s'éloigna.

« Ah, pensait-il, que de fautes ne me sont pas remises ! Que de fautes je suis prêt à commettre encore ! Je suis loin du but sacré et celui qui avait pitié de moi, le Maître, va entrer dans le nirvâna. »

Mais le Maître le rappela et lui dit :

« Ne va pas gémir, Ananda, ne va pas te désespérer. Souviens-toi de mes paroles : il n'est rien de ce qui charme, il n'est rien de ce qu'on aime dont il ne faille un jour se séparer. Comment ce qui est né ne serait-il pas périssable ? Comment ce qui est né ne serait-il pas instable ? Comment ce qui est né, comment ce qui est créé ne passerait-il pas ? Tu m'as longtemps honoré, Ananda ; tu as été, pour moi, un tendre ami ; ton amitié fut joyeuse, et tu lui fus toujours fidèle en pensées, en paroles et en actes. Tu as fait le bien, Ananda, persévère dans la bonne route, et tes fautes anciennes te seront remises. »

La nuit monta. Ceux de Kouçinagara avaient appris que le Maître était couché sous deux arbres jumeaux, et ils venaient en foule lui rendre hommage. Un vieil ascète, Soubhadra, parut, s'inclina et confessa qu'il croyait au Bouddha, à la loi et à la communauté ; et Soubhadra fut le dernier parmi les fidèles qui eurent la joie de voir le Maître face à face.

La nuit était belle. Ananda était assis auprès du Maître. Le Maître dit :

« Peut-être, Ananda, penserez-vous : « Nous n'avons plus de Maître. » Il ne faut pas que vous pensiez ainsi. La loi reste, la loi que je vous ai enseignée, Ananda : qu'elle vous guide, quand je ne serai plus entre vous. »

Il dit encore :

« En vérité, moines, tout ce qui est créé est périssable : ne cessez jamais de lutter. »

Il ne connut plus le monde. Son esprit montait aux régions de l'extase. Son visage était d'un or lumineux. Il entra dans le nirvâna. On sentit trembler la terre, et l'on entendit le tonnerre gronder.

Sous les remparts, au lever du soleil, ceux de Kouçinagara dressèrent un grand bûcher, comme pour un roi du monde, et y brûlèrent le corps du Bienheureux.

TABLE DES MATIÈRES

Avertissement   5

PREMIÈRE PARTIE

Pages.

I. *Le Roi Çouddhodana et la Reine Mâyâ*	7
II. *Le songe de Mâyâ*	11
III. *La naissance de Siddhârtha*	14
IV. *La prédiction d'Asita*	18
V. *Siddhârtha au temple*	21
VI. *La première méditation de Siddhârtha*	24
VII. *Le mariage de Siddhârtha*	28
VIII. *Siddhârtha connaît les plaisirs*	38
IX. *Les trois rencontres*	40
X. *Le songe de Gopâ*	48
XI. *Siddhârtha veut connaître les grandes vérités*	54
XII. *Siddhârtha quitte le palais de son père*	58
XIII. *Siddhârtha ermite*	60
XIV. *La tristesse de Gopâ et de Çouddhodana*	65
XV. *La doctrine d'Arâta Kalâma*	68
XVI. *Siddhârtha et le roi Vimbasâra*	71
XVII. *Siddhârtha abandonné par ses premiers disciples*	74
XVIII. *Siddhârtha sous l'arbre de la science*	77
XIX. *La défaite de Mâra*	83
XX. *Siddhârtha devient Bouddha*	89

DEUXIÈME PARTIE

I. *Trapousha et Bhallika*	93
II. *Le Bouddha se prépare à prêcher la doctrine*	99

III.	*Le Bouddha part pour Bénarès*	103
IV.	*Le Bouddha retrouve ses cinq premiers disciples*	106
V.	*Histoire de l'Ascète et du lièvre*	112
VI.	*Histoire de Padmaka*	117
VII.	*Le Bouddha au Bois des Bambous*	123
VIII.	*Çâripoutra et Maudgalyâyana*	128
IX.	*Le Bouddha calme les mécontents de Râjagriha*	131
X.	*Çouddhodana envoie des messagers à son fils*	134
XI.	*Histoire de la grue et des poissons*	137
XII.	*Histoire de Viçvantara*	144
XIII.	*Histoire de Dharmapâla*	162
XIV.	*Les vertus de Gopâ*	165
XV.	*Nanda renonce à la royauté*	167
XVI.	*Le Bouddha quitte Kapilavastou*	171
XVII.	*Les aumônes d'Anâthapindika*	174
XVIII.	*Les nouveaux disciples*	179
XIX.	*L'orgueil de Nanda*	183
XX.	*La mort de Çouddhodana*	188

TROISIÈME PARTIE

I.	*Mahâprajâpatî admise dans la communauté*	193
II.	*Le Bouddha confond des imposteurs*	198
III.	*Souprabhâ*	202

IV. *Viroupâ* 206
V. *La ruse de Ciñcâ* 211
VI. *Le Bouddha dompte un buffle féroce* 214
VII. *Dissentiments entre les moines* 217
VIII. *Kouvalayâ la danseuse* 221
IX. *Le Dieu Alavaka vaincu par le Bouddha* 224
X. *Devadatta chassé de la communauté* 229
XI. *La perfidie d'Ajataçatrou* 232
XII. *La mort de Devadatta* 237
XIII. *Prasenaüt et Ajataçatrou* 242
XIV. *Le Bouddha enseigne la doctrine* 245
XV. *Le Bouddha et le Berger* 247
XVI. *Le Bouddha instruit les moines de Vaiçâli* 251
XVII. *Le repas chez Counda* 254
XVIII. *Le Bouddha entre dans le Nirvâna* 256